那珂川町・一ノ岳城の石垣

アクロス福岡文化誌7

福岡県の名城

アクロス福岡文化誌
編纂委員会編

海鳥社

はじめに

アクロス福岡文化誌編纂委員会

先人たちが築いてきた文化遺産や風土――〝ふるさとの宝物〟を再発見し、後世に伝えていくことを目的に刊行している「アクロス福岡文化誌」シリーズ。第七巻のテーマは「城」です。

城といえば、皆さんは姫路城や大坂城のような天守や石垣のある城を真っ先に想像されるでしょう。県内でも、近世の四大藩の拠点である福岡城、小倉城、久留米城、柳川城は名城としてよく知られています。しかし、このような城が一般的になるのは近世以降で、中世には無数の山城が築かれ、さらに広義の城の歴史は、人類が定住生活を始めた頃にまで遡ることができます。

本書では、古代・中世・近世と時代別に分け、県内の主要な城の歴史や興味深いエピソード、構造的な特徴などを紹介しています。また、実際に現地を見学する時の参考となるよう、今も残る遺構の解説や城跡へのアクセスなどの情報も盛り込みました。さらに巻末には、九州各地の名城を取り上げ、城をより深く理解するための用語集も収録しました。

本書の執筆は、各地の城に精通した方々にお願いし、最新の研究成果を踏まえた内容となっています。また、各地の教育委員会や博物館など多数の機関から、貴重な写真や資料をご提供いただきました。関係各位のお力添えに心より感謝申し上げます。

今も城の人気は衰えることを知らず、多くの関連書籍が出版され、現地ツアーなども盛んに行われており、城跡は地域振興の面でも重要な役割を担っています。城がこれほどまでに人々を惹きつけるのは、その様式美や機能美のみならず、様々なドラマを秘めているからでしょう。

福岡県内には千を超える城跡があるといわれており、本書で取り上げた以外にも、たくさんの貴重な城跡が存在します。皆さんも実際に現地を訪れ、先人たちの知恵と技術、思いに触れられてみてはいかがでしょうか。

目次 Contents

福岡城（斎藤英章氏撮影）

［総説］

福岡県の城

古代から現代まで

九州大学大学院比較社会文化研究院教授

服部英雄

城の概念・防御性

城といえば、近世の石垣を持つ城を想起される方が多かろう。白亜の天守を持つ壮大な姫路城は日本を代表する城として世界遺産にも登録された。壮大な御殿を持つ二条城も、古都・京都の文化財を構成する建造物の一つとして世界遺産になった。中世の城で世界遺産に登録されたものに島根県・山吹《やまぶき》城（石見銀山）がある。山頂に残る平坦な曲輪《くるわ》群は見事だが、それでも前二者に比べれば建物は何もない。他に琉球の城（グスク）も世界遺産登録されているが、これも当時の建物は残っていない（首里城は第二次世界大戦まで正殿や門の建物があったが、すべて焼失）。

「城」とはもともと「土を盛る」という意味で、土でできた障壁、垣根、土塁、土手などのことである。したがって本来「集落の四方を堀や土塁で囲んだ区画」を指す「城郭」の意味も含め、城は柵や堀、土塁で囲まれた防御施設である。ここでは、柵や堀、土塁など、防御施設や軍事施設としての機能を中心に、城について広く考えてみる。

防御施設は人類の発生と共に現れた。他人から守るのみならず、害獣から身及び耕作物・収穫物を守りうる柵や堀を、集落や住居の周りに置くことは多かった。吉野ケ里遺跡（佐賀県）や大塚・歳勝土《さいかちど》遺跡（横浜市）の史跡整備では、土塁の上に先のとがった柵が復元（復原）されている。板付遺跡（福岡市）では環濠も柵もあるが、柵は遺跡に忠実に復元されたわけではなく、管理を兼ねたものである。

最も低い位置にある堀は、後世に埋められたとしても遺構は残る。土塁は最も高い位置になるから、通常は削平されて遺構が良好に残ることはない。

情報は得られず、復元は推定によらざるをえない。

　大塚・歳勝土遺跡では柵が立つ土塁の、その内側に堀がある。守る側が最も守りやすいはずの土塁の頂上に上がるのが困難であることから、機能的な理解が難しい。吉野ケ里遺跡では逆茂《さかも》木《ぎ》、堀、柵を復元した。柵は、平坦地の中の仕切りは検出されているが、堀際のものは検出されていないようだ。遺構からの復元ではなく、推測による復元であろう。堀と土塁の関係が、大塚・歳勝土遺跡の場合では他の遺跡と逆になっているように、柵については検討しなければならない問題が多い。

　環濠集落は中世の村にも姿を留め、今も残る。通常、城とは認識されていないが、城の起源と考えられている。

　中世の城には塀よりも柵が用いられていたのではないかと考える人が多い。近世の城でも柵は使われているが

世界遺産にも登録された日本を代表する名城・姫路城

吉野ケ里遺跡に代表される環濠集落は城の原初形態ともいえる

(『柳河明証図会』の二の丸・欄干橋)、あくまで補助的なもので、主要箇所は塀である。「越後国郡図」に描かれた村上要害は確かに柵を多用しているけ

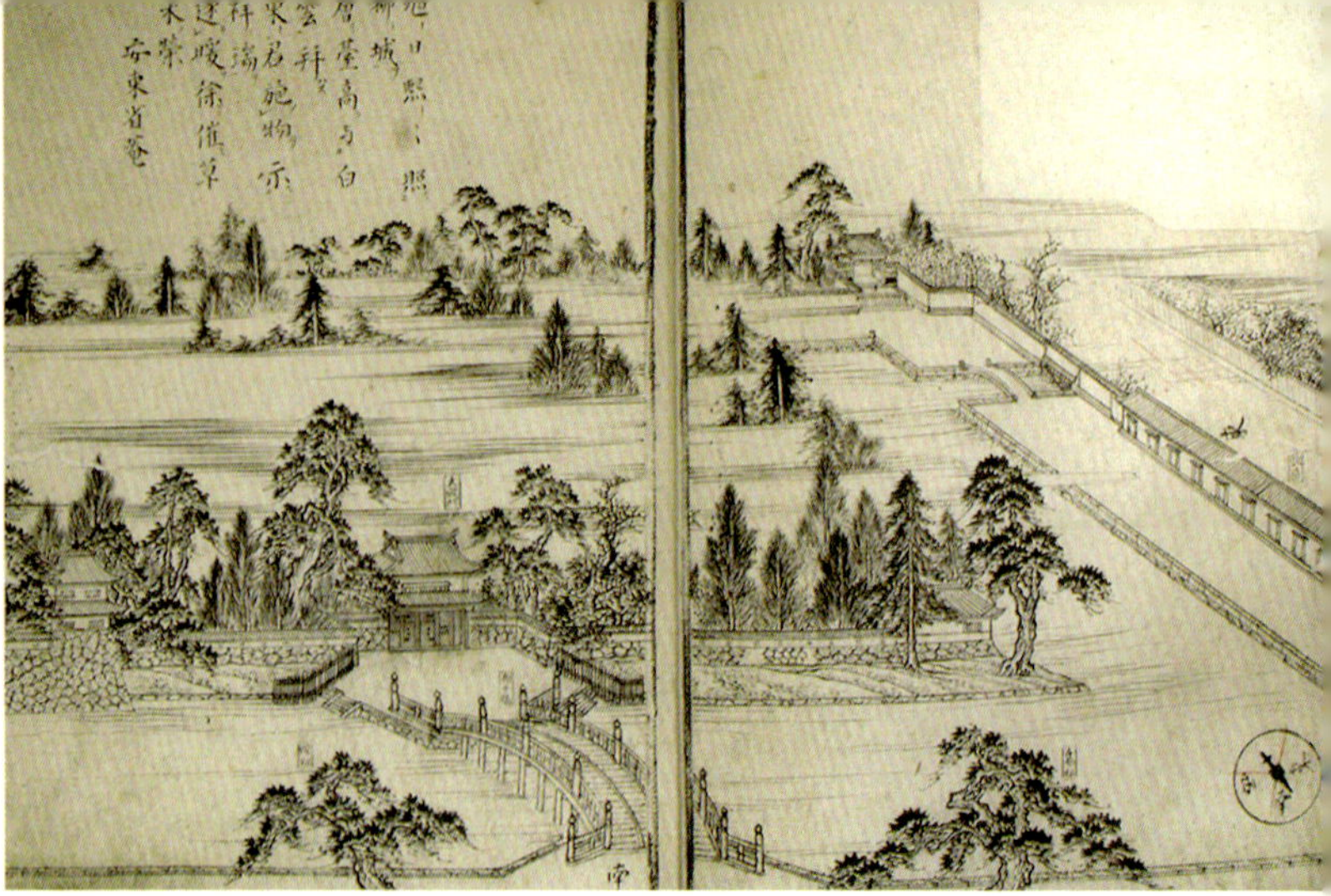

『柳河明証図会』に描かれた柳川城二の丸と欄干橋(立花家史料館蔵)。手前の欄干橋を渡った所の両脇に柵が描かれている

れど、塀の下、斜面に置かれたものもあって、やはり補助的な印象を受ける。朝鮮出兵時の「蔚山城攻城図」(「朝鮮軍陣図屏風」)、「順天城攻城図」(「征倭紀功図巻」)や「大坂冬の陣図屏風」などの絵図類に見られる城の柵も、補助的利用だったと考えられる。発掘調査でも曲輪の縁にあった柵はあまり見つかっておらず、むしろ曲輪内部の仕切りとして柵が使われていたようだ。

また『一遍上人絵伝』に描かれた「筑前国武士館」のような地頭クラスの武士の屋敷、居館でも、堀や塀、櫓《やぐら》などで防御が図られたことがわかる。この絵にあるように武士の館では鷹や犬が飼われていた。鷹も犬も鷹狩りのためであろうが、犬は不審者の侵入を予防する意味もあった。

城の基本的な建物は、門・塀・櫓(倉庫)・屋敷・館となる。平時は城内には城主家族と当番のみがいて、戦時には兵(侍)が入城する。門は枡形《ますがた》を構成することが多い。曲折を設けて三方からの攻撃を可能とした。門に向かえば背後から攻撃された。小倉城も福岡城も枡形には櫓門(一の門、正門)のみを置き、江戸城や大坂城のような高麗門(二の門)は置かなかった。柳川城は変形枡形門で、正面に櫓門を横一文字に置き、左右に塀を築いた。正

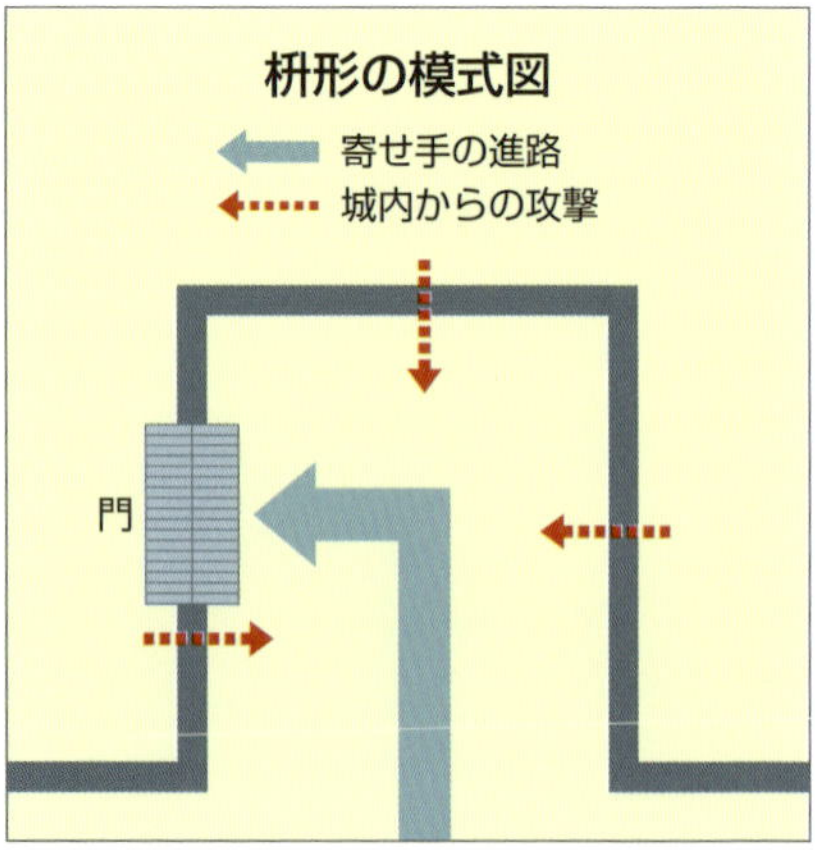

『一遍上人絵伝』（国宝。清浄光寺〔遊行寺〕蔵）に描かれた武士の館。堀や塀，土塁に囲まれ，門上には櫓がある。中央上に鷹狩り用の鷹，その右下には番犬も描かれている

面と横からの攻撃となり、背後からの攻撃はできなかった。

塀には狭間《さま》を置いた。弓狭間（箭《せん》眼《がん》）は上下に細長く、長方形である。弓矢の軌跡は放物線を描く。標的よりも上方に向けて撃つ必要があったからである。弓狭間は必ず弓の長さの半分よりも高い位置にあった。弓はほぼ真ん中の位置に矢をつがえる。狭間が半分の高さより低ければ、弓矢を射ることはできない。鉄砲狭間（銃眼）は丸か三角、四角に開ける。守りやすく操作しやすいように、手前が広く、奥が狭くなっている。福岡城の塀には大砲《おおづつ》狭間もあった。狭間は塀のみならず櫓にも天守にも切られ、攻撃する者は無数の銃眼に晒されることになった。なお、熊本城の宇土櫓の狭間は長方形だが位置が低く、弓矢を射ることはできない。これも大砲狭間である。

城の立地
——平城・平山城・山城・海城（水城）

城の立地を論じる際に平城、平山城、山城という分類がなされることが多い。おそらく江戸時代の軍学者の考察にあるのだろう。

城には高さが不可欠である。つまり山である。山の高さで垂直距離を確保する。武器には高さが必要である。上に向けた弓矢は数mで引力に負けて落下する。逆に高い位置から弓矢を射たのなら、下に行けば行くほど速さを増す。誰でも上から撃ちさえすれば、源為朝《ためとも》以上の強弓を射ることができる。

石の場合なら、よりわかりやすい。石は上から下にしか投げつけられない。上からの投石ならば、垂直距離が三、四mもあれば十二分の殺傷力を持つだろう。下からではそうはいかない。島

原の乱で一揆方の主要武器は石であった。攻める幕府軍は多大な痛手を蒙っている。鉄砲も同じで、上に向けた鉄砲（火縄銃）に威力はほとんどなかった。

城の防御力には高さが必要で、山上は武器を最大限に活用でき、山の下側にいればことごとく武器が使えず、敵方武器の餌食になるばかりだった。

博多湾（手前）と多々良川（右）に囲まれた名島城跡

平山城では平時の居館を山麓の平地に建てた。居館部分は通常、堀で防衛される。この場合も防御の基本は高さに依拠する。

平城といわれる城の場合でも同じで、たとえ微地形であっても周囲よりは高い位置を占地する。そして石垣を築き、建物と併せて高さを確保する。広島城や松本城はその典型であろう。尾張名古屋城を平城とする見解があるが、台地上にあって、北側でいえば低地部分からは一〇mほどの標高差があり、自然地形で高度が確保されている。

福岡城でも侍屋敷の多くは平地にあったが、三の丸、二の丸、本丸と順次標高を上げていく。天守台は三〇mの標高がある。同じく小倉城でも柳川城でも高さを確保した。平野の中心にあっても、高さは確保しなければならなかったのである。

こうした分類において忘れがちなのは「海城《うみじろ》」という概念である。「水城《みずじろ》」ともいう。当時物資の運搬は陸路なら人力か牛馬だったが、大量の物資運搬の手段は唯一、船であった。したがって川か海（ないし湖）に隣接することが極めて重要だった。外海へも、また内陸河川へも、河口こそが出発点・到着点を兼ね備える。海縁、それも河口に城を築くことが必要だった。江戸時代の城は大半が河口に立地する。適当な山があれば、最も理想的だった。

福岡県は筑前・筑後・豊前いずれにあっても海に面している。戦国期の城や近世諸藩の城はほとんど海と川を意識していた。福岡城（那珂《なか》川、樋井《ひい》川）、名島城（多々良《たたら》川）、小倉城（紫《むらさき》川）、柳川城（筑後川＝千歳《ちとせ》川）、久留米城（同上。筑後川に潮汐《ちょうせき》が入り、干満があった）に歴然としている。

隣国を見れば、唐津城（松浦川）、

佐賀城（佐賀江、すなわち筑後川）、中津城（山国川）、府内城（大分川）、杵築《きつき》城（八坂川）、安岐《あき》城（安岐川）、また萩城（阿武《あぶ》川・橋本川）など枚挙にいとまがない。海を持たない藩は別としても、藩領に海岸がある藩は必ず海城を築いた。江戸城、大坂城をはじめ、近世の大半の城は海城、水城といえる。

　海を持たない藩は海辺に飛び地を持った（豊後岡藩であれば萩原、豊後森藩であれば日出《ひじ》）。また、後述する糸島半島の柑子岳《こうじだけ》城や水崎城は玄界灘に面する今津湾岸の元岡に、黒崎城や若松城などは豊前・筑前国境海岸に軍事目的から築城された事例である。

福岡市西区今津の元寇防塁跡（木下陽一氏撮影）

福岡県の城の特徴

　福岡県の場合、アジア大陸に接近するという地理的要件があった。これは本県の城に見える最大の特色である。

　古代には巨石を列石に用い、石垣もあるアジア的・大陸的な古代山城が多く築かれていた。朝鮮式山城である。

　国指定史跡の元寇防塁も、対外防御施設である。元寇防塁といえば、厳密には城の概念には入らないように思われるかもしれないが、大宰府を防衛する水城に共通する点も多く、防御施設としては我が国の代表的存在である。モンゴルの騎馬部隊を阻止する馬防であった。また、博多警固所も対外防御施設として重要だが、後述のように福岡城建設時の改修で遺構は失われた。

　文禄・慶長の役で九州の大名は渡海し、大陸の城塞や戦術に直面した。当然、大陸技術から多大な影響を受けた。滴水《てきすい》瓦（三角形の軒瓦）は朝鮮や中国の瓦だった。肥後の熊本城や麦島城、宇土城では滴水瓦が使用され、麦島城からは隆慶二年（中国暦、一五六八年）の文字のある滴水瓦が見つかった。姫路城天守でも多用されているけれど、なぜかまだ福岡県内では見つかっていない。よく福岡城が朝鮮・晋州城（慶尚道）を真似たとされるが、具体的にはわからない。

　福岡城にせよ熊本城にせよ、枡形を

正門（一の門、櫓門）のみとし、最も効率的なこの地点のみでの迎撃戦術とし、建物の窓には突上戸《つきあげど》窓（左右に引くのではなく押し上げるから収納スペースがいらない）を多用し、門も上部を格子戸とした（格子部分からの射撃も可能）点は、もともとの戦国城郭建物の踏襲とはいえ、極めて実戦本位であった。板塀ではなく厚い土塀として大砲に備えたという点も、文禄・慶長の役の影響が大きい。

福岡県の城の変遷

■古代の城

天智天皇二（六六三）年の白村江の戦いで日本は唐・新羅に敗れた。敗戦の混乱に乗じて唐・新羅の日本来襲がある。そのように考えた律令国家は、大宰府を中心に国家機能を防衛するための諸施設を築き、防御を固めていった。

まず、前面には水城《みずき》を構築した。水城は大水城の他、小水城があった。四《し》王寺《おうじ》山には大野城が築かれた。攻め込まれた時にも、官人や兵士が山に逃げ、周辺の人民を収容することもできた。

唐は玄界灘・博多湾からのみ侵攻してくるわけではない。有明海からの侵攻に備え、基肄《きい》城を築き（『日本書紀』天智天皇四（六六五）年秋八月条）、関屋土塁、とうれぎ土塁（佐賀県三養基郡基山町）などのように肥前側にも水城を築いたと推測される。また、菊池川の上流には鞠智《きくち》城を築いた（『続日本紀』文武天皇二（六九八）年五月二十五日条に「令大宰府繕治大野、基肄、鞠智三城」とある）。

これらに籠城し、中央政府からの援軍を待つことによって、被害を最小限に留め、逆襲の機会を窺う作戦であろう。

くだって新羅との関係が悪化した奈良時代、大宰大弐《だざいのだいに》・吉備真備《きびのまきび》を専当官として怡土《いと》城の築城が開始された（『続日本紀』天平勝宝八（七五六）年六月二十二日条）。留学経験のある吉備真備はアジア最新の技術に通じ、唐人との人脈もあった。

こうした巨大山城に通ずる西海道は軍事道路としても整備されたし、東シナ海に面する各地の岬には烽火《のろし》《ほうか》台が連続して設置され、外国船到来時には時を置かず次の烽火台に連絡することが義務づけられていた。

こうした烽火台の跡には多く「火の尾」という地名が残された。大野城及び基肄城の火の尾は「大宰府旧蹟全図」（北図・南図）に画かれるほか、地名としても残る（大野城では「みのお」と変わっていた）。後述する高良《こうら》山《さん》神籠石《こうごいし》（久留米市）や鹿毛馬《かけのうま》神籠石（飯塚市）にも火の尾の地名が残されている。また「火の山」が糸島半島にあるが、日の山・日岡のように呼ばれる場合もある。

四王寺山（大野城跡）と水城跡。四王寺山には15世紀に岩屋城が築かれた（九州歴史資料館提供）

こうした古代山城は、様式や性格の類似性から「朝鮮式山城」と呼ばれている。逃げ込み城であろう。文禄の役には豊臣秀吉軍の侵攻で、朝鮮の民衆は軍人・官吏と共に山に上がったと記録されている。参考までに昭和二十（一九四五）年八月十五日の敗戦時、太宰府周辺から福岡にかけての民衆、特に女子が、多くこの四王寺山・大野城に逃げたという。

朝鮮式山城に酷似するものが神籠石である。神籠石は最初に発見された高良山に神籠石という地名及び石があったことから命名された（御井《みい》郡大字御井町小字神籠石。なお神籠石の地名は列石そのものを指してはいなかった）。そして雷山にも神籠石（香合石）があって、『筑前国続風土記』に「かうばこの如し、故に香合石と云、又神護石共云」と書かれていた。『筑前国続風土記拾遺』にも「下宮と中宮の間に香合石一名神護石」とあったし、香箱形の岩で雷神が三種の神器を中に収納したともされている（「岩石祭祀事例集成表」）。

　コウゴイシは、こうした説明にあるように、香合に似た巨石だった。列石そのものではなく、位置も離れている。他の古代山城（神籠石遺跡）にはこの

糸島平野の南に位置する高祖山。8世紀には怡土城が築かれ，その遺構を利用して山頂部に中世山城の高祖城が築かれた

地名はなかったが、学術用語として、列石を伴うこの遺跡を「神籠石」と呼ぶことが定着した。そして、その神秘的な学術名のために、神域説・霊域説が発生、一人歩きし、拡大していった。

　だが、遺跡の本質は朝鮮系ないし渡来人の発想・技術による城郭遺跡だった。現在、福岡県に八カ所、佐賀県に二カ所、山口県に一カ所が確認されており、飛鳥京・平城京に至るまでの瀬戸内海沿いにもいくつかある。

　なお福岡県内ではこの十年に、唐原《とうばる》（上毛町《こうげ》）、阿志岐山《あしき》（筑紫野市、宮地《みやじ》岳山城とも呼ばれていた）の二つの遺跡が、相次いで発見された。これらは神籠石という名称ではなく、古代山城として史跡指定されている。

　神籠石遺跡すなわち山城は、唐原、おつぼ山（佐賀県武雄市）、女山《ぞやま》（みやま市）のように、海岸から潮汐が遡及する限界内に位置することが多かった。杷木《はき》神籠石（朝倉市）のように内陸にあるものも、多くは河川交通が利用可能な場所にあったし、ほか主要道に面するものがある。

■中世の城

　古代山城はその後どうなったか。多くの古代山城はその後も城として利用された。大野城は一部が岩屋城に、怡土城は高祖《たかす》城となった。高良山神籠石は高良山城となって、南北朝初期に懐良親王が在陣したし、戦国期には大友宗麟《そうりん》が在陣した。御所ケ谷《ごしょがたに》神籠石（行橋市）は背後の山が馬ケ岳城となった。馬ケ岳城では南北朝期にも攻防があり、後に九州入りした豊臣秀吉も入城した。

　福岡城が築かれた山（仮称・赤坂山）も古代山城だった。山麓に鴻臚館《こうろかん》という古代国家の枢要施設が置かれていた。この山には警固神社があったが、福岡城築城時に現在位置（警固公園南）に移設された。『筑前国続風土記』によれば、もとの宮は今の城の本丸にあって、「警固藤」という藤の古木が

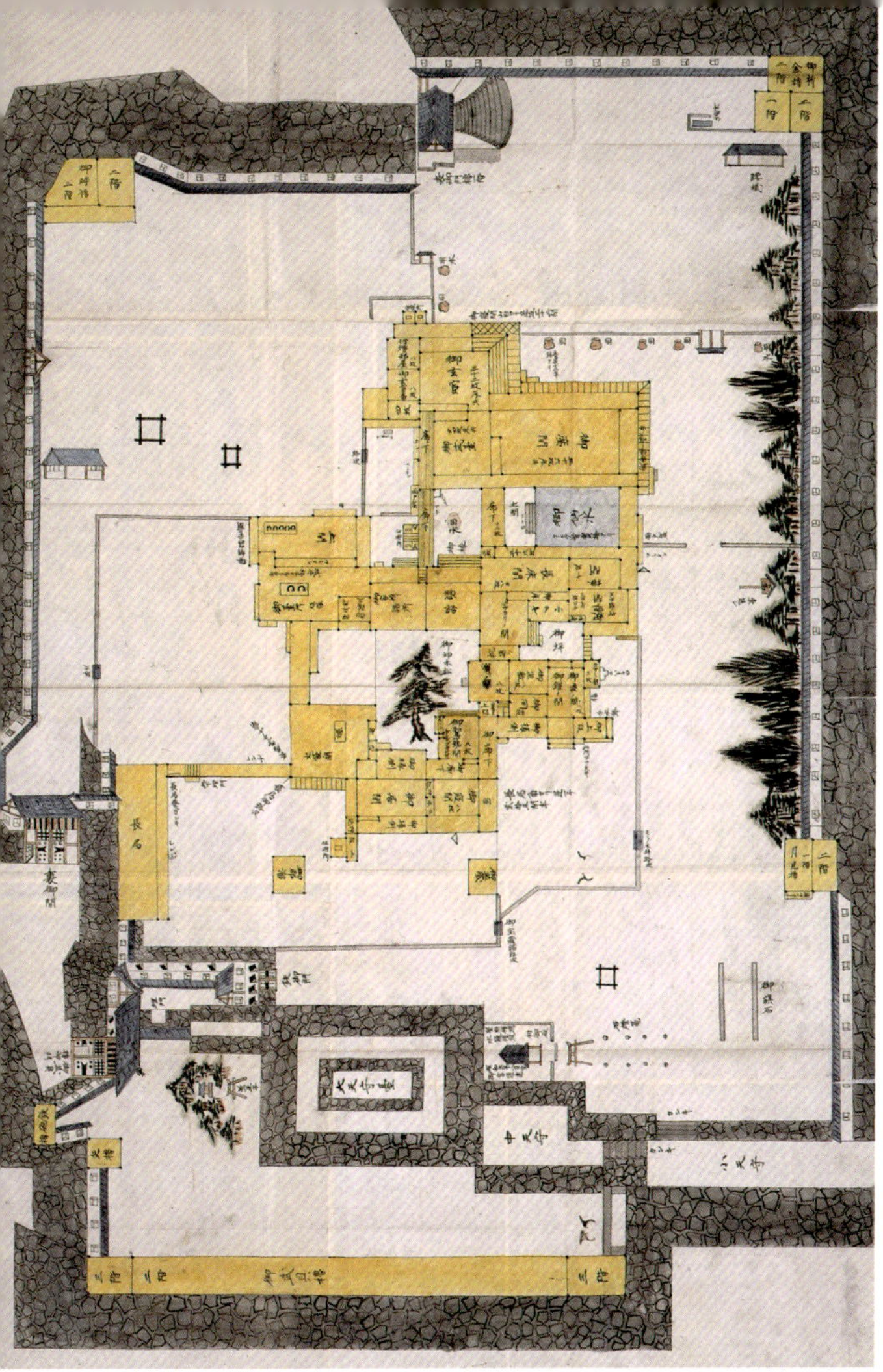

「御本丸御間内之図」（福岡市博物館蔵）。福岡城の本丸御殿を中心に描いたもの。左下の木に囲まれた部分が若一王子社

あったという。その南には今、若一《にやくいち》王子《おうじ》社があると書かれている。若一王子社は福岡城を描いた近世絵図「御本丸御間内之図」（福岡市博物館蔵、鶴久二郎氏旧蔵史料）にも描かれていて、天守台石垣裾部、西側の脇にあった。この北側に警固《けご》神社があったが、築城に当たって大規模な削平や盛り土が行われ、中段にあったその平面は石垣構築に伴い消滅した。現在の本丸は平面一段と天守台の一角だが、中世にはいくつもの段々があった。

警固神社旧地の存在は、赤坂山に警固所が置かれていたことを語っている。鴻臚館の背後に大宰府正規軍の駐屯所があって警固していた。寛仁三（一〇一九）年、刀伊《とい》の入寇があった。刀伊は博多湾内に入って、能古島をまず占領し、ついでこの警固所を攻撃している（『小右記』）。

蒙古襲来・文永の役（一二七四年）の主戦場は赤坂であり鳥飼《とりかい》であった。蒙古軍は日本側が軍事拠点としていた警固山（赤坂山）、すなわち後の福岡城の地を占領すべく攻撃したが、その山は事前に鎌倉幕府側の武士が入って防衛していた。菊池一族らの激しい逆襲もあって、蒙古軍は目論見通りには運ばず、第二の確保地点としていた西新の祖原《そはら》山に上がり、この山にて日本軍の攻撃をしのいだ（山に上がっているように、この夜のうちに船まで戻る行動はとっていない。巷間にいう、そのまま帰国したとか、一晩で帰ったということは物理的にありえない）。この山が戦国時代にも利用された記録は見当たらないが、要害の地なのだから、博多攻防を巡っての軍事利用は継続されたであろう。戦国期は博多を巡る大内氏や大友氏との抗争が続くが、そうした折には必ず軍事拠点として争奪が行われた。軍事要衝は地理的形状、海陸の交通路、都市や他の軍事施設との位置関係で決まっていて、繰り返し再利用される。

南北朝期の山城の多くは、本来山岳寺院だった。南北朝初期の抗争の中心であった玖珠《くす》城、すなわち大分県玖珠町・切株山は、高勝寺城とも呼ばれているように高勝寺という寺院でもあった。太宰府市・有智山《うちやま》城は有智山寺（内山寺）であった。多々良浜の合戦の直前、少弐貞経《しょうにさだつね》は精鋭部隊の少弐頼《より》尚《ひさ》五百騎を温存して、西下してくる足

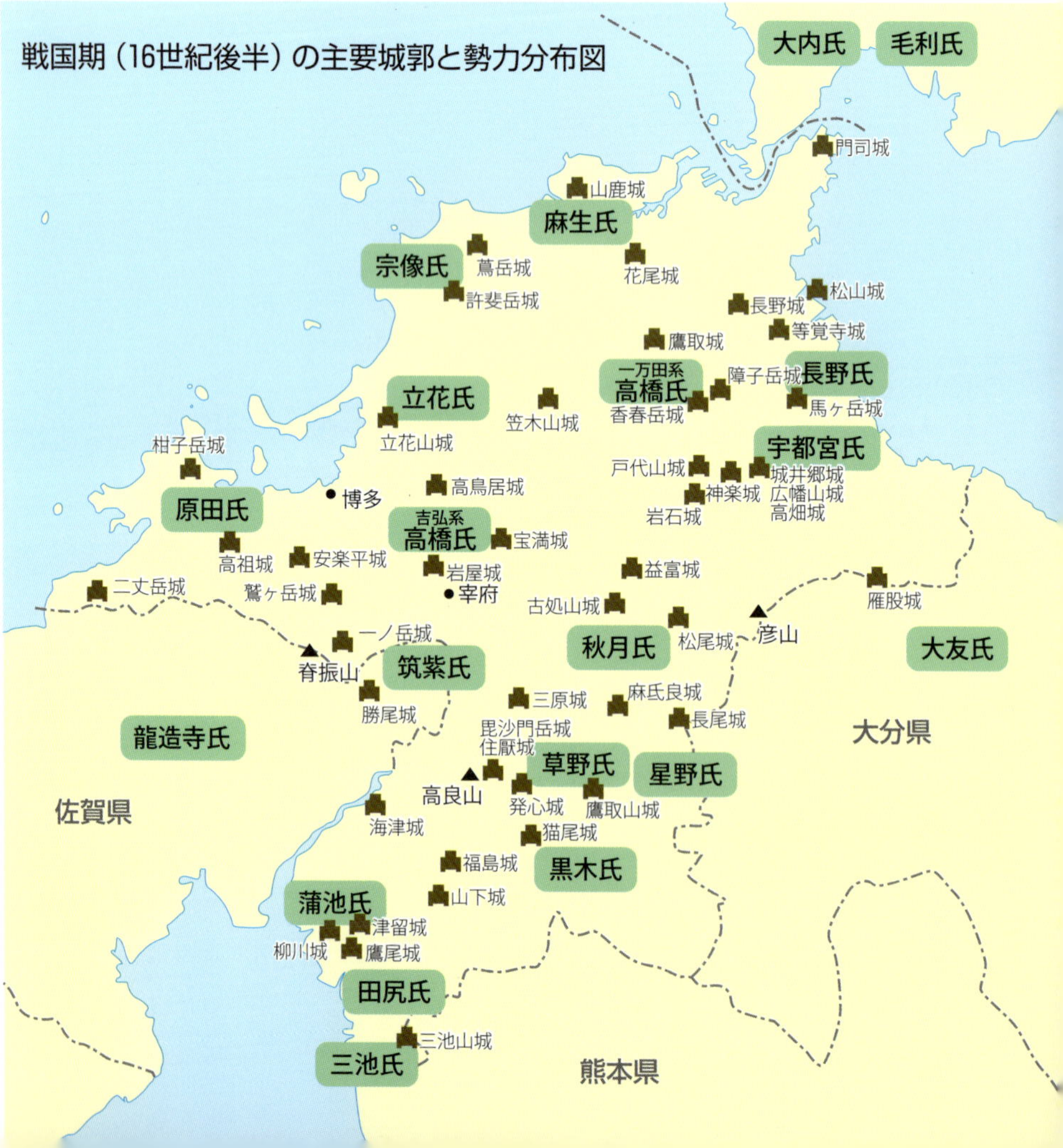

利尊氏の支援に回した。長老であった貞経以下が大宰府後方の有智山城に籠城し、一族の多くが討ち死にしたが、残存部隊はそれなりにいて、多々良浜に向かった菊池・三原軍の後方を脅かすことにより、多々良浜での尊氏奇跡の勝利に貢献した。挟み撃ち作戦が功を奏したのである。この著名な有智山城こそ有智山寺(内山寺)すなわち大山寺であった。山岳寺院は高さと屋舎(住まい)、水という城にとって必要不可欠な基本三要素を備えていた。

九州大学伊都キャンパス内の水崎山。柑子岳城以前に志摩郡の拠点であった水崎城の跡と考えられている

中世は古代律令制国家のような中央集権的な国家というよりは、地方権力が顕在する分権的な国家であった。戦国期にはそうした傾向が顕著となる。城攻めや籠城戦などの合戦が主流となり、城はそうした勢力の攻防に伴って、各地の軍事・交通の枢要地に随時、かつ臨時的に築城された。多くの遺跡が現存し、「じょうやま」「じょうのこし」など城にちなむ地名が各地にたくさん残るように、要塞や砦も含めて、多くの中世城郭が新築・修築された。

また、山城と領主の政務・生活空間でもあった居館や屋形(館)の機能を併せ持った城も多く、素早く応戦できるよう城内や付近に家臣を居住させ、一種の城下町集落を形成した所も見られた。

博多湾の東の備えが立花山城で、西の備えが柑子岳城だった。柑子岳城の前身が水崎城(福岡市西区元岡、九州大学伊都キャンパス内)で、室町期の攻防がいくつかの文書に残されている(「由比重富文書」他)。さらにその前身と推測できる「筑前国本岡城郭」を、観応元(一三五〇)年に足利尊氏が松浦党に与えている(「有浦文書」)。本岡城郭とは水崎城一帯の広域を指すようだ。

水崎城に関わる室町期の記録が見られなくなる時期、つまり天文二(一五三三)年以降に、今度は柑子岳の攻防を巡る多くの史料が残されるようになる。本岡城郭も水崎城も柑子岳城も、重要港湾・今津の支配に不可欠で、ここを掌握すれば、一時的に今津を制圧されても容易に取り返すことができた。

このように重要な役割を果たしたにもかかわらず、二つの城の遺構はいかにも貧弱に見える。水崎城には小さな平坦地はあるが、縄張り図に書きとられるような遺構はない。柑子岳城の遺構は北西側の尾根にある小さな堀切《ほりきり》程度で、一見すると顕著なものはない。

しかし、平場が複数ある。こうした平場は、莫大な量の土木事業（普請）によって構築されたことが文献史料からわかる。「大内氏奉行人連署書状」（「児玉韞採集文書」中の「梅月氏文書」）を見ると、「当御城（柑子岳城）普請」を天文三年より同四年まで毎月三回勤めるはずだったが、うち二十一回が不勤だったことがわかる（本来なら月三回×十二カ月×二年＝合計七十二回になる）。

柑子岳城の遺構は平場が主要なものだが、この造成自体が大変な土木作業量であったし、そこに建造物が構築された。資財の運搬などで大量の動員が必要だった。なお、柑子岳城に曲輪はあるが、格別広い平坦地があるともいえない。狭い場所でも懸け造りで斜面に打ち込んだ柱を基礎として構造物を建築することはできた。また柑子岳城では井戸の場所がわかっておらず、謎である。場合によっては毎日山麓の谷からくみ上げることも必要だった。

山城があった場所はたいてい下から見てもわかる。上が平坦になっているからだ。それはこうした土木作業、作事普請の結果が今に残されているためといえる。

大分県では城郭にちなむ地名として の切寄《きりよせ》がよく知られている。福岡県の場合も豊前にはいくつか見られ、特に現在の田川市に多い。田川市の切寄は白土、弓削田《ゆげた》（切寄屋敷）、下弓削田、神崎、上野、高野、糒《ほしい》と七カ所に見える。そのほか築上町赤幡《あかはた》にもある。しかし筑前・筑後にはあまり事例がないようである（肥前の場合、勝尾城に切寄の地名がある。西松浦郡の城《じょう》（伊万里市山代町）にも切寄がある。あるいは大友氏の勢力が及んだ地域に切寄の地名が残ったのかもしれないが、よくはわからない）。

古代の城と同様に、中世にも領国内や領地間、城と城を結ぶ軍道（街道）が整備され、烽火台《ほうかだい》が置かれた。烽火台の遺構は古代のようには確認しづらいが、見通しの関係から古代や近世の烽火（狼煙《のろし》）台と重なる位置にあるものが大方である。

■近世の城

戦国期から鉄砲の使用が始まり、城の構造は一変し、大規模化した。それまで弓の射的距離は六〇mほどだったが、鉄砲では二〇〇mと大幅に伸びた。堀の幅は急速に広がり、城外と城内の距離も伸びた。

また、大友宗麟が臼杵《うすき》城に置いた「国崩し」のように、大砲も登場する。文禄・慶長の役を経て、大坂冬・夏の陣では大砲の時代となっていた。大砲には有効な防御対策は立てにくかったと推測するが、堀幅はより広くなり、塀も板塀から土塀になって厚さ・強度を増した。備前岡山城では、大砲に合わせて城郭改造を計画していたという（大類伸・鳥羽正雄『日本城郭史』雄山閣、七一四頁）。

天下統一した豊臣秀吉の大坂城、徳川家康の江戸城など、全国の諸大名に築城を分担させる天下普請が行われ、それに伴い石工や城大工などの職人が増え、築城技術も進歩した。秀吉・家康に倣い全国の諸大名や領主も居城の築城を行った。天守を中心に石垣や櫓を備える、現代人が一般的に城としてイメージする近世城郭様式の誕生である。

中津城（木下陽一氏撮影）

慶長五（一六〇〇）年の関ケ原の合戦後、徳川家の論功行賞により九州北部の大名配置にも大きな変化があった。

筑前国では、領主・小早川氏（秀秋）の転封に伴い、新たに豊前中津の黒田長政が入国した。長政は当初、中津から小早川氏の居城・名島城に入城したが、父・孝高《よしたか》（如水《じょすい》）と相談の上、那珂郡警固村福崎の地を新たな城地と定め、居城、藩の政庁としての福岡城と城下町・福岡を建設した。

豊前国では、細川氏（忠興《ただおき》）が入国し、小倉藩が成立した。当初黒田氏の居城だった中津城を拠点に支配したが、後に小倉城を改修し、居城とした。寛永九（一六三二）年、細川氏が肥後に転封後は、譜代大名・小笠原氏（忠真《ただざね》）が入国し、小倉城を拠点に小倉藩を治めた。

筑後国では、田中吉政が筑後国を拝領し、以後田中氏が立花宗茂《むねしげ》の居城・柳川城を拠点に支配していたが、改易となった。その後筑後国は分割され、元和六（一六二〇）年に有馬氏（豊《とよ》氏《うじ》）の久留米藩、立花氏（宗茂）の柳川藩が成立し、久留米城、柳川城を居城とした。この時期の城の特徴として、藩主の居城・居館としての機能に、藩の政庁、役所的機能も付加された点が大きい。

一方で、元和の一国一城令によって城の統廃合も進められた。近世初期の筑前では豊前との国境近くに「六端《ろくは》城」という軍事色を前面に出した城が築かれていたが、一国一城令を契機に廃城となっていった。筑後では八女福島城が廃城となり、城島城も田中氏廃絶に伴い、元和段階で廃城になった。

また近世初期に本藩から分知されて生じた多くの支藩は城を持たず、「陣屋」と呼ばれる藩庁兼居館を整備した。福岡藩の場合、支藩である秋月藩、東《とう》蓮寺《れんじ》（のち直方藩）藩はそれぞれ五万石、四万石（のち五万石）の石高があって、石高からいえば城持格になり得ただろうが、筑前領内の二城、三城を避けるためもあってか、陣屋と称した。また筑後では久留米藩支藩・松崎藩と柳川藩支藩・三池藩の陣屋があった。

通信手段としての狼煙（烽火）は文禄・慶長の役でも多用され、その後も使われ続けた。外国船警備としては長崎烽火山発、佐賀城、福岡城、小倉城に連絡する長崎街道沿いの径路がよく知られている。実際に福岡藩の烽火番に従事した甘棠館《かんとうかん》の学者・亀井昭陽《しょうよう》による『烽山日記』も残されている。

遺構は、県外では長崎市・烽火山（県指定史跡）、大分県中津市・野依《のより》烽火台（市指定文化財）などがあり、県内では上毛町・雄熊《おぐま》山烽火台の残りがよい。豊前のものは周防《すおう》灘沿いに城郭と城郭を結んだと考えられる。

雄熊山烽火台（上毛町教育委員会提供）。山頂に烽火台の焚口部である石組みが残る

幕末期には海岸に砲台が築かれた。豊前では小倉藩が紫川河口の東浜・西浜に、また大里《だいり》には久留米藩が、大里と田ノ浦（小倉領）には萩藩が台場を築き、小倉藩との対立が深まった。筑前では須崎（福岡市中央区）に十五門の砲を持つ砲台場が築かれ、今も石垣が残る。明治になっても一時期、報午砲が置かれて正午を知らせた。

また逆に、海からの艦砲射撃を避けるための逃げ城ともいえる城もあった。

福岡藩では、福岡城の犬鳴《いぬなき》御別館（宮若市）への移転が計画され、慶応元年（一八六五）より建設が進められた。

小倉藩では、慶応二年、長州戦争において小倉城を自焼して香春《かわら》に撤退、後に豊津（みやこ町）に新たな藩庁を築き移転したが、明治四（一八七一）年の廃藩置県により廃城となった。

小倉城（木下陽一氏撮影）

おわりに

明治六年の廃城令により、各地の城は破却・解体され、その役目をほぼ終えた。その後、城跡には神社や公園、役所などが設置される場合が多かった。また、福岡城、小倉城などのように大都市の城跡には、明治政府の鎮台、大日本帝国陸軍の司令部や連隊の施設が設置されるなど、基地化・軍事利用が見られた。そのため太平洋戦争中には空襲の標的にされ、貴重な江戸期の城郭建築の多くが焼失した。

昭和になると、戦前・戦後を通じて、城郭建築の復興事業、特に天守の復興や模擬天守の建築による城の再建が相次いだ。また高度成長期の山野の開発により、文化財としての城郭遺構の保存の必要性が叫ばれるようになった。

現代でも城ブームは衰えず、城の復元整備が各地で行われ、城をテーマとする研究会やツアーなどのイベントが多く開催されている。中には史実に基づかず、根拠を欠いたり、資料を誤読したものがあり、残念である。文化財として、着実な調査・研究に基づく復元、保存・活用が望まれる。

古代の城

水城跡（木下陽一氏撮影）

西海道統治の拠点・大宰府を護る山城

大野城《おおのじょう》

所在地　太宰府市太宰府・大浦谷・坂本・国分、大野城市瓦田、糟屋郡宇美町四王寺・鮎返・出合切
別　名　四王寺山
アクセス　西鉄太宰府線太宰府駅より徒歩40分。または西鉄バス県民の森入口より徒歩30分

国防の最前線・筑紫の巨大山城

『日本書紀』は、天智天皇四（六六五）年、大野城や基肄《きい》城の築城を伝えている。築城には、達率《だつそつ》憶礼福留《おくらいふくる》、達率四比福夫《しひふくぶ》など軍事に熟練した百済の高官が使わされたという。六六三年の朝鮮半島における白村江の敗戦を契機に、国防の最前線・筑紫には、大野城や水城などの軍事施設が造営された。

大野城は、古代西海道統治の拠点となった大宰府を護る山城であった。大宰府の中枢・大宰府政庁の背後の四王《しおう》寺《じ》山（標高四一〇ｍ）に築かれた。北に深い谷を持つ独立的な山塊に、土塁や石塁による約八㎞の城壁を巡らせている。百済官人の関与や特徴的な城壁構造から「朝鮮式山城」とも呼ばれる。

長大な城壁と門

尾根線を囲む土塁は自然地形に合わせて造られ、現状で五－六ｍ程度の高さである。その積土は、粘質土と砂質土を混合した厚さ一〇㎝程度の硬く緻密なものである。堰板《せきいた》支柱の跡と見られる柱穴も確認されており、版築工法（三七頁参照）によるものである。

一方、谷部を埋める石塁は、粗割りした石を積み上げて築いている。太宰府口城門の水ノ手口石塁や、長さ約一

左：大野城全景。大宰府政庁の北に当たる四王寺山山頂部付近の尾根線や谷部に城壁が築かれた／右：太宰府口城門。南の主要門に当たり，水ノ手口石塁と一体になっている。現在も門跡の礎石が残る（以上２点，九州歴史資料館提供）

八〇mもある宇美口城門の百間石垣が有名だが、他に北石垣や小石垣もある。

　大野城では、代表的な太宰府口や宇美口を始め、水城口、坂本口の四カ所の門が知られていたが、近年では観世音寺口、原口、小石垣、北石垣、クロガネ岩が発見され、計九カ所の城門の存在が明らかになっている。

百間石垣（九州歴史資料館提供）。文字通り百間（約180m）程度ある石垣で，北の主要門である宇美口城門と一体となっている。付近より礎石が採集されており，県民の森に移設展示されている

　このうち南の主要門である太宰府口城門は発掘調査によって大きく三期の門の変遷がわかっている。築城当初の七世紀後半の城門は掘立柱式であったが、八世紀初め頃には律令制成立に伴い瓦葺きの礎石式の門に整備された。正面が一間の五・二五mの規模で、その後一部改修されているが、現地に残る門の礎石は当時のままである。

城内の施設

　城内には、現在も多くの礎石建物跡が見られる。大きく増長天、尾花、猫坂、村上、広目天、八ツ波、御殿場《ごてんば》、主城原《しゅじょうばる》の八地区に分かれ、少なくとも七十棟以上確認されている。多くは総柱建物の倉庫であり、奈良時代の八世紀は三×五間（柱間二・一m）で、平安時代の九世紀になると三×四間に変わり、建物配置にも規格性が薄れていく。この倉庫群には、食糧の備蓄や武器などを納めて管理する機能があったことが記録からも窺える。だが、主城原地区では三×七間の官衙《かんが》風の掘立柱建物が確認され、柱穴からは七世紀後半の百済系単弁軒丸瓦が出土している。本来の軍事機能に関わる施設かもしれない。

　さらに奈良時代末の宝亀五（七七四）年には、『金光明《こんこうみょう》最勝《さいしょう》王経《おうきょう》』の読経によって新羅の宗教的呪詛を払うため、四天王寺（四王寺）が建立された。鎮護国家を掲げる寺院であり、四王寺山の名の由来にもなっている。

　大野城跡は昭和七（一九三二）年に国指定史跡、昭和二十八年には特別史跡となっている。現在、城内には遊歩道が整備され、当時の遺構を間近に見ることができる。

［杉原］

最先端技術の粋を集めた古代の防衛施設

水城《みずき》

所在地　太宰府市国分・吉松、大野城市下大利他
アクセス　ＪＲ鹿児島本線水城駅より徒歩1分。太宰府市コミュニティバス（まほろば号）水城跡より徒歩1分。

平野を遮断する城壁

『日本書紀』に、「筑紫に大堤《おおつつみ》を築きて水を貯へしむ。名づけて水城と曰ふ」とある。白村江の戦いの翌年（六六四年）に築かれた水城は、水を貯えた他に類を見ない巨大な城壁であった。

大宰府の防衛施設・水城は、福岡平野が最も狭くなる場所に築かれた。東西の丘陵に取り付く約一・二kmの長大な土塁が平野を遮断している。さらに、西側には上大利《かみおおり》、大土居、天神山などの小水城が八つ手状の尾根線を塞ぐ形で築かれている。この水城の土塁は、大きく上下の単位からなる。上成土塁の高さは七－一〇m、前面の傾斜は残りの良いところで約七〇度、中段にテラスがある。これに対して、基底となる下成土塁の幅は八〇m程度ある。

上成土塁の積土は、固く緻密で山城の版築工法（三七頁参照）とも共通する。一方、基盤の下成土塁は、粘質土や花崗岩バイラン土の混土層を三〇cm程度の厚い間隔で積んでいる。沖積地の砂層上に土塁を築くため、最下層には枝葉を敷きながら積土を補強する敷《しき》粗朶《そだ》工法を用いている。

水城の貯水施設

「水を貯へしむ」と言われた水城は、

右：西門跡（発掘時）。筑紫館（鴻臚館）より大宰府へ続く官道（西門ルート）の主門。奈良時代には瓦葺きの建物があったと考えられている／下：軟弱地盤を補強するため，土塁の最下部には枝葉を敷いた「敷粗朶」が見られる（黒茶色の部分）
(以上2点，九州歴史資料館提供)

水城跡全景（九州歴史資料館提供）。大野城の西側丘陵に取り付きながら平野を遮断する約1.2㎞の長大な城壁。幅60ｍの外濠により博多湾側からの敵に備えた

かつては中央を貫流する御笠川を堰き止めて水を貯めた大堤と理解されることもあった。しかし発掘調査では、水城の土塁前面に幅約六〇ｍの外濠が確認され、この問題は解決した。

内濠から外濠に水を流し込む導水管の役目を持つ木樋《もくひ》は、下成土塁の幅約八〇ｍにわたって埋設されている。幅七〇㎝の底板二枚を鉄製の大型の鎹《かすがい》で繋ぎ留め、約八〇㎝の側板を立てて断面が箱形になる。木樋は、これまでの調査によって抜き取りや推定を含め四カ所確認されており、一部観世音寺にも伝来している。

境界の地・水城

水城は、防御施設であると同時に、大宰府内外を隔てる境界の地でもあった。土塁の東西には門が設けられ、大宰府内へ通じる官道が通っていた。筑紫館《つくしのむろつみ》（後の鴻臚館《こうろかん》）から続く官道は、西門を通過する。この西門地区の調査では、大きく三期にわたる門の変遷が明らかとなった。最初は掘立柱式で、一間となる門の幅は四・二二ｍで両壁は積石で補強されている。そして、八世紀初め頃に礎石式となり、九世紀以降には土塁と共に改修される。

水城に関する記録は多くはないが、『続日本紀』天平神護元（七六五）年に少弐従五位下釆女朝臣浄庭《うぬめのあそんきよにわ》が「修理《しゅうり》水城専知官《みずきせんちかん》」に任命された記事がある。東門地区では、この時期の井戸から「水城」銘墨書土器が出土しており、専知官に関連するものであろうか。大宰帥《だざいのそち》・大伴旅人《おおとものたびと》は帰京の際、この水城で「ますらおをと思へるわれや水茎の水城の上に涙のごはむ」（『万葉集』巻第六）の詩を詠んで別れを惜しんだという。

水城跡は、大正十（一九二一）年三月に国指定史跡、昭和二十八（一九五三）年三月に特別史跡となり、現在は市民の憩いの場となっている。［杉原］

有明海側からの敵に備えた南の城壁

基肄城《きいじょう》

所在地　筑紫野市山口、佐賀県三養基郡基山町小倉・宮浦
アクセス　ＪＲ鹿児島本線けやき台駅より徒歩40分（水門跡まで）

大野城と対になる山城

基肄城は、大野城と共に築かれた朝鮮式山城の一つであり、『日本書紀』には「椽城《きじょう》」として登場する。大宰府政庁の約八km南に位置し、大野城とは南北に対峙する形で配置された。東に連なる関屋土塁やとうれぎ土塁（佐賀県三養基《みやき》郡基山町）と共に南からの外敵に備えた。

脊振山系から東に派生した基山《きざん》（標高四〇四m）あるいは北峰（標高四一四m）から東へ、深い谷を取り込む形で約三・九kmの城壁を巡らせている。西の基山から北峰、さらには東の車道の尾根線上には土塁が、南側の谷部には石塁がそれぞれ築かれている。

巨大な石塁と水門

このうち、南端の谷部に築かれた巨大な石塁は、現状で長さ二六m、高さ八・五mの規模を誇る。近年に修復工事が行われ、石塁の構築方法や排水構造に関しても新たな知見が得られた。この石塁の東側には巨大な水門が設置されている。幅一m、高さ約一・四mで排水口付近には巨大な天井石を置いており、古代山城の水門としては大型である。この水門の東側には、通用口となる南門が想定されている。

城内へ至る門は、推定を含めて四カ所ある。南の主門であった南門跡の東側の谷部の石塁付近には東南門（仏谷門）が想定されている。さらに尾根線上の東北には東北門跡がある。土塁の

基肄城全景（九州歴史資料館提供）。大宰府政庁の約８km南に位置し，南からの敵に備えた。写真奥には，北に対峙する大野城跡が見える

切通しの両側には唐居敷《からいじき》と呼ばれる掘立柱式の門礎が残っているが、山城の門としては小規模である。北端に位置する北帝門《きたみかど》跡（北門）は、北の大宰府政庁方面からの正門であったと考えられる。幅四mの切通しで壁面の一部に石垣が残るが、礎石などは見られない。

土塁線状に位置する東峰（標高三二七m）には、「つつみ跡」と呼ばれる径約一八m程度の窪地があり、烽火《のろし》跡あるいは貯水池と考えられている。同様の窪みは基山山頂付近にもある。

上：水門跡。城の南側の深い谷には巨大な石塁が築かれており，人が通れるほどの大きさの水門跡がある。現在も住吉川の水が流れる／下：大礎石群。城内には数多くの礎石建物跡が残る。このうち西端には「大礎石群」と呼ばれる巨大な礎石建物跡がある（以上２点，九州歴史資料館提供）

点在する礎石群

城内には、坊住《ぼうじゅ》地区、北帝地区、大久保地区において礎石建物跡が四十棟あまり確認されており、大きく十二群に分かれる。多くは、大野城と同じく三×五間の倉庫様の総柱建物であるが、西側の土塁線付近の高所には、大礎石群と呼ばれる十×三間（二八・四×九m）の大型の総柱建物がある。付近からは、この山城の築城期に関わる七世紀後半の百済系軒丸瓦や重弧文軒平瓦が発見されている。

基肄城の機能の一旦を垣間見ることのできる木簡が、大宰府政庁周辺官衙《かんが》跡で出土している。基肄城の備蓄米を筑前・筑後・肥（肥前・肥後）などの諸国に分け与えるように命じたもので、緊急時に備えて稲穀を蓄えていたことがわかる。

筑後守・葛井連大成《ふじいのむらじおおなり》は大伴旅人《おおとものたびと》が帰京する際、「今よりは城の山道は寂しけむ我が通はむと思ひしものを」（『万葉集』巻第四）と詠んだ。この「城の山道」は基肄城の東側を抜ける官道と見られている。

基肄城跡は昭和二十九年三月に国の特別史跡に指定され、現在は土塁線を中心に散策することができる。［杉原］

玄界灘に睨みを利かせる山城

怡土城《いとじょう》

所在地 糸島市高祖
アクセス JR筑肥線周船寺駅より車で15分。または同駅より糸島市コミュニティバス（はまぼう号）川原線で高祖下車、徒歩15分

吉備真備と新たな山城

『続日本紀』は、天平勝宝八（七五六）年、大宰大弐《だざいのだいに》・吉備真備《きびのまきび》によって怡土城の築城が始まったことを伝えている。新羅国との対外的な緊張関係が続いた頃で、唐で兵法を学んだ吉備真備による新たな山城の築城であった。

この怡土城の築城には、兵士である防人《さきもり》をも動員したという。その後、天平神護元（七六五）年には大宰大弐・佐伯今毛人《さえきのいまえみし》が「築怡土城専知官」に任命され、神護景雲二（七六八）年にようやく完成した。

怡土城は、糸島平野の南に位置する高祖山《たかす》（標高四一六m）の西山麓を中心に長さ約二kmの土塁を巡らせている。土塁の構築には、大きく三種類の方法が確認されている。地山を削って整形するもの、整形した後に版築（三七頁参照）によって積土するもの、そして基底部に石塁を配してその上に版築を行うものである。土塁の前面では濠も確認されている。

城内へ通じる門は、大鳥居口、染井口、大門口などがある。昭和十一（一九三六）年の調査では、大鳥居口と染井口の二カ所の城門で礎石が確認されており、大鳥居口では方形の穴を持つ礎石が二個並んでいた。また、別の礎石の一部は怡土城址記念碑を作る際に基礎石に転用されている。

尾根線に並ぶ望楼

怡土城内の施設には、礎石建物がある。三×二間の規模で中央に一つ礎石を配するものや基壇を持つものがあり、

怡土城全景（九州歴史資料館提供）。糸島平野の南に位置する高祖山の西山麓に築かれた。北（写真左）に玄界灘を望む

上：大門遺跡。大門口付近の調査では，基底部に石塁，その上部に土塁が築かれていることが確認された／下：城の尾根線上には点々と礎石建物跡が見られ，望楼と考えられている。写真は一番西側に位置する第５望楼跡の礎石（以上２点，伊都国歴史博物館提供）

瓦の出土から瓦葺き建物であったと見られる。建物は、高祖山の山頂部から北西の尾根線上の各所に配されていることから望楼《ぼうろう》と理解されている。現在、一ノ坂礎石群、第一望楼（草野礎石群）、第二望楼（相鐘《あいかね》礎石群）、第三望楼（下ノ鐘《しものかね》礎石群）、第四望楼（古城《ふるしろ》礎石群）、第五望楼（丸尾礎石群）、縣《けん》庄《しょう》礎石群の七棟がある。このうち、最高所となる第一望楼は、標高三〇五m付近に置かれており、糸島平野を望むことができる。このような建物の配置は、他の古代山城とは大きく異なる怡土城の特徴である。

怡土城の展開とその後

出土遺物には、平瓦や熨斗瓦《のしがわら》などが多いが、大宰府式鬼瓦も出土している。いくつかのバラエティがあるが、大宰府に関連する重要施設であったことは確かである。近年、この怡土城の北側に位置する金武青木遺跡（福岡市西区）では、「怡土城擬大領」「専当其事」「別六」など怡土城に関わる長官クラスの上申文書と見られる木簡が出土しており、この遺跡と怡土城との関係が注目されている。

その後、この怡土城の山頂部には高祖城が築かれた。築城の際は、一部怡土城の遺構を利用したと見られる。しかし、天正十四（一五八六）年、豊臣秀吉の九州平定によって廃城となった。

怡土城跡は、昭和十三年八月に国指定史跡となっている。現在、城内を一部散策することができる。

［杉原］

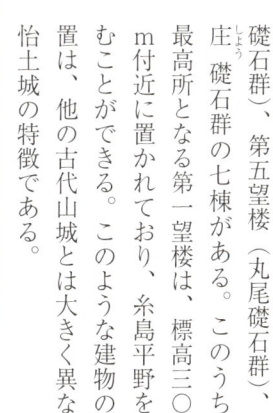

未だ多くの謎に包まれた古代山城

阿志岐山城《あしきさんじょう》

所在地　筑紫野市阿志岐
アクセス　西鉄バス柚の木より徒歩約30分

蘆城駅家と山城

　大宰府に近接する古代山城であり、平成十一年に新たに発見された。大野城の南東約五・五km、基肄城の北東約七・五kmに位置する。阿志岐の語源は、奈良時代にまで遡る。万葉歌にも詠まれ、大宰府から米ノ山を越えて豊前国へ至る第一の駅である蘆城駅家《あしきのうまや》が付近に想定され、この「蘆城」が本来の城に繋がる可能性が指摘されている。

　阿志岐山城は、宮地岳（標高三八八・九m）北西麓の尾根線付近を中心に土塁を、谷部には石塁を巡らせている。土塁線は北側の尾根線を中心に約一・三四kmにわたって認められるが、南側に関しては途中で切れている。ただし、南側の尾根線を城域として取り込んだ場合、総延長は約三・六八kmとなる。

特徴的な城壁構造

　尾根の稜線から少し下がった斜面に貼りつくように土塁が築かれている。まず、斜面の地山を整形して、その基底部に土台となる列石を配置し、その上に粘質土と砂質土を互層に積んだ版築（三七頁参照）によって土塁を築いている。列石は、花崗岩《かこうがん》を長方形に加工した切石を使用し、基底石の上に一段あるいは二段積んでいる。

　これに対して、谷部には丁寧に加工した切石を数段積み上げて石塁を築いている。排水機能を備えた水門もあるが、排水溝などの構築物は見られない。これまでに第一－第三水門が確認されているが、大規模な第三水門は幅二三

阿志岐山城は独立した山塊である宮地岳の北西山麓に立地している。写真奥は南に開けた筑紫平野（筑紫野市教育委員会提供）

上：土塁（調査時）。基底部には切石を並べた列石があり，その上部には版築工法により硬く突き固められた積土が見える／下：谷部に築かれた第３水門の石塁には石材の角をＬ字に切り欠く「切り欠き加工」，上面を抉り込む「抉り込み加工」が見られる（以上２点，筑紫野市教育委員会提供）

mで、高さ三・八m、切石は大きなもので幅二m、高さ一m程度ある。谷部の石塁を構築する際、石同士の隙間をなくすため、石材の角をL字に切り欠く「切り欠き加工」、上面を抉《えぐ》り込む「抉り込み加工」を施しており、付近では粗割りした石片も確認されている。この切石を上段に向かうにつれて少しずつ引きながら積む「控え積み」により、最大約七五度の角度で積み上げている。

築城の背景

これまで城内には、建物などの施設は確認されていない。倉庫などの建物を配置することができる広い平坦地も認められず、小規模な建物が存在した可能性が指摘されている。

この阿志岐山城の特徴は、宮地岳山麓の北西方向に土塁線が広がる一方で、筑紫平野を望む南側に土塁線が存在しない点である。こうした状態は神籠石《こうごいし》などに多く見られ、未完成説や築城放棄説などの意見がある。ただし、北側に築いた土塁線については、東の筑豊地域からの外敵に備えたとも指摘されている。その一方で、大野城や基肄城など、大宰府を護る山城との関係も注目され、その位置関係や築城の目的を含めて謎の多い山城である。

なお、阿志岐山城跡は平成二十三年九月に国指定史跡となっている。［杉原］

渡来系集団の定住地・豊前に築かれた山城

唐原山城《とうばるさんじょう》

所在地　築上郡上毛町土佐井・下唐原他
アクセス　ＪＲ日豊本線中津駅より車で約15分

山国川流域から周防灘を望む山城

豊前山国川下流域に位置する古代山城で、平成十年に発見された。天然の要害を成す、山国川沿いの河岸段丘と友枝川《ともえだ》に開析された舌状台地（標高約八三ｍ）に立地している。山城の北側には古代官道が走っており、上毛郡衙《こうげぐんが》（国指定史跡・大ノ瀬官衙遺跡）や古代寺院の垂水廃寺《たるみはいじ》が点在し、その先に周防《すおう》灘を望むことができる。

「正倉院文書」大宝二（七〇二）年の戸籍断簡のうち、『豊前国上毛郡塔里』には、渡来系氏族である秦氏などの姓が見られる。また垂水廃寺では新羅系の古瓦などが出土していることから、上毛郡内に渡来系集団が定着し、活動していたことが窺える。

特異な列石線

台地の北から東側の谷部にかけて列石が点在するが、西側の張り出しから南については不明で、推定線を含めた城壁の全長は約一・七㎞である。列石設置のため、斜面を削出した段が存在するが、中には途切れて存在しない箇所も多い。こうした断絶は、施工単位を示す可能性が考えられている。

また列石を置くための地山整形は、北側で丁寧だが、南側では城壁線を示

左：外郭線となる列石は所々途切れている。後世に抜き取られ，水田や城の石垣などに使われた／右：最も深い谷部に築かれた第１水門の暗渠（調査時）。幅80㎝程度で，隙間を埋めるために小石を詰めている（以上２点，上毛町教育委員会提供）

唐原山城全景（上毛町教育委員会提供）。舌状に延びる台地上の先端部に立地しており，深い谷部に水門を築いている。正面の谷部が第１水門

す程度で列石も存在しない。また南側には、作業で生じた掘削土の盛り上げによって見かけ上二重の土塁線に見える箇所がある。列石には神籠石などの山城に特徴的な、石塁を密着させるための「切り欠き加工」が見られる。

北から東にかけての谷部には、石塁による三カ所の水門が存在し、北から第一・第二・第三水門と呼ばれている。第一水門は最も深い谷部に築かれており、石塁前面の範囲は約二四m、現状での高さは一・六mである。水門部暗渠の全長は一三・五m、各蓋石の間には隙間を埋めるために小石が詰められている。内法《うちのり》は幅八〇cm、高さ四〇cmで、古墳の横穴式石室の構造に類似する。一方で、第三水門の暗渠は、全長九mで石塁に直交せず、主軸が八度北東にずれる。この他、第一水門では幅一・八mの小規模な城門が確認されている。

これら水門部や列石に使用された石材は、石の目に沿って加工しておらず、また列石背面が玉石状を呈するものがあることから、転石を採取し加工したと考えられている。

城内の施設として、第三水門付近で五×三間の礎石建物が一棟確認されているが、時期については不明である。

抜き取られた石材

唐原山城の調査では、列石が抜かれたと見られる箇所が北側を中心に認められた。中でも、第一・第二水門では後世大規模に石材が抜き取られており、一部は水田の石垣となっていることも確かである。

この山城から、山国川を隔てた約五km先の中津城（大分県中津市）では、築城時の石垣上面に、山城の列石と同じL字の「切り欠き加工」が施された切石が数多く見られる。中津城築城の際、唐原山城の石材を利用したものと見られている。

なお、唐原山城跡は、平成十七年三月に国指定史跡となっている。［杉原］

神籠石《こうごいし》

一大論争を巻き起こした列石遺構を持つ山城

所在地　【御所ケ谷神籠石】行橋市津積、みやこ町大久保他／【鹿毛馬神籠石】飯塚市鹿毛馬／【杷木神籠石】朝倉市林田・穂坂／【高良山神籠石】久留米市御井町他／【女山神籠石】みやま市女山／【雷山神籠石】糸島市雷山

霊域か、それとも山城か

日本の律令国家成立前夜、西日本を中心に数多くの山城が築かれた。六六三年の白村江の敗戦を契機として築城された大野城や基肄《きい》城、長門《ながと》城を始め、金田城（長崎県対馬市）、屋嶋《やしま》城（香川県高松市）、高安《たかやす》城（奈良県生駒《いこま》郡平群《へぐり》町・大阪府八尾《やお》市）など、『日本書紀』に登場する朝鮮式山城がある。これに対して、築城の記録がない「神籠石」と呼ばれる山城がある。北部九州・瀬戸内海を中心に分布している。

これらの山城が神籠石と呼ばれるようになったのは、明治以降のことである。明治三十一（一八九八）年、久留米市・高良山の列石遺構に使用されていたこの呼称が、小林庄次郎により広く学界に報告されたことによって次第に定着していった。しかし、この「特異な列石に囲まれた山」については、研究の当初から喜田貞吉による「神域説」と、関野貞や谷井済一らによる「山城説」とが対立することとなり、「神籠石論争」が繰り広げられていった。その後、昭和三十年代後半のおつぼ山神籠石（佐賀県武雄市）や石城山《いわきさん》神籠石（山口県光市）の調査によって列石に土塁を伴うことが明らかとなり、山城と確定されたのである。

神籠石の名称の端緒となった高良山。山中には延喜式内社の高良大社が鎮座している（久留米市埋蔵文化財センター提供）

現在、福岡県内に分布する神籠石は、御所《ごしょ》ケ谷《がたに》神籠石（行橋市）、鹿毛馬《かけのうま》神籠石（飯塚市）、杷木《はき》神籠石（朝倉市）、高良山《こうらさん》神籠石（久留米市）、女山《ぞやま》神籠石（みやま市）、雷山《らいざん》神籠石（糸島市）などがある。

山城としての特徴

神籠石と呼ばれるこの山城の最大の特徴として、山麓に切石状の列石を配置して、その上に土塁を築いている点が挙げられる。御所ケ谷神籠石では切石状に加工した列石の上に、水平に突き固めた積土による土塁がある。列石前面には堰板《せきいた》止めに使用したと見られる柱穴があり、版築工法（下図参照）によるものであろう。

高良大社参道脇の馬蹄石（ばていせき）はかつて「神籠石」と呼ばれていた。江戸中期以降，列石遺構に対してもこの名称が使用されるようになった（久留米市埋蔵文化財センター提供）

一方、谷部には切石を積み上げた石塁を築き、排水のために水門を設けることが多い。御所ケ谷神籠石の中門跡では、全長二六m、高さ十m以上で二段の石塁を築いており、下段に水門を設けている。規模は別として、石塁を持つ水門は、女山神籠石、雷山神籠石、杷木神籠石などでも見られる。また鹿毛馬神籠石では、谷部の水処理として土塁下部に全長一八mに及ぶ暗渠の水門を設けたこともわかっている。

この土塁と石塁からなる外郭線は、北側の一部が二重となる御所ケ谷神籠石の三・〇三㎞が最大で、最小は鹿毛馬神籠石の二・〇㎞である。平均的には二・五㎞前後だが、いずれも推定線を含めた範囲であり、これからの調査によって変わる可能性もある。

城内へ入るための城門は、御所ケ谷神籠石では七カ所確認されており、不明な一カ所を除き、幅約三・六mの規模である。なお城内には礎石建物など

御所ケ谷神籠石における版築工法の想定図。列石前面に立てた柱に堰板を固定し，そこに土を盛って突き固める。これを繰り返して強固な土塁を築いた（行橋市教育委員会提供）

がいくつか見られるが、時代や性格については不明な点が多い。

神籠石研究の今日

神籠石と朝鮮式山城との違いは、基底部前面の列石の有無や石塁の加工形態などで論じられてきた。また記録に登場しない筑紫の神籠石は、斉明天皇西下の際の築城として、朝鮮式山城よりも古く見る意見もあった。ただ近年では、七世紀後半から末頃までの築城と理解される鬼ノ城《きのじょう》（岡山県総社《そうじゃ》市）の調査成果を始め、方形に加工された切石をより進化した技術と見て、割石を中心とする朝鮮式山城よりも年代的に新しく見る考えもある。あらためて両者の年代、技術的・系統的関係が注目されており、記録の有無のみで両山城を分離して考えることは難しくなっている。

神籠石と呼ばれる山城の多くに共通する問題として、外郭線が全周せずに終わっている点がある。未完成説、築城放棄説などの意見があるが、官道沿いあるいは河川沿いの眺望の利く低山地や台地に配置されることから、交通の要衝を押さえるための選地であったと多くの研究者は見ている。新たに発見された阿志岐《あしき》山城（筑紫野市）や唐《とう》

右：御所ケ谷神籠石の列石と版築土塁の調査。土塁の前面下部には切石状の列石と柱穴がある
左頁：御所ケ谷神籠石の中門跡。巨大な石塁が2段築かれており，その下位に水門が設置されている（以上2点，行橋市教育委員会提供）

神籠石に特徴的な石塁と水門。左は女山神籠石の長谷水門跡（みやま市教育委員会提供），右は雷山神籠石の北水門跡（伊都国歴史博物館提供）

原山城《ばる》（上毛町）も、他の神籠石と同様に官道沿いの低山地に立地しており、官道に面して城壁が整備されている。いずれにしても、神籠石を始め西日本の各地に築城された多くの山城が、その目的や機能など未だに多くの謎を持つことは確かである。

なお、福岡県内に所在する神籠石は、昭和七（一九三二）年に雷山神籠石が初めて国指定史跡となって以後、今日までにいずれも指定されている。これらの多くは、水門跡を中心に見学が可能である。中でも、巨大な石塁を持つ御所ケ谷神籠石の中門跡や鹿毛馬神籠石の土塁などは神籠石の構造を視覚的に理解することができ、アクセスも比較的容易である。また、県内の各神籠石を訪ねて、地形や立地などを比較してみるのも面白い。

［杉原］

鹿毛馬神籠石の暗渠（左）と柱（調査時。飯塚市教育委員会提供）。西側谷部を塞いだ土塁の下部には地盤補強のために割石が敷かれ，暗渠排水施設が設置されていた（写真は第２暗渠）。また土塁中には，版築のために使用された柱がそのまま残っていた

中世の城

障子ケ岳（木下陽一氏撮影）

中世最大の対外戦争を物語る

元寇防塁《げんこうぼうるい》

アクセス【箱崎地区】ＪＲ鹿児島本線箱崎駅から徒歩約15分、もしくは西鉄バス坂本町下車すぐ（地蔵松原公園内）／【博多地区】福岡市営地下鉄箱崎線呉服町駅から徒歩5分（博多小学校構内）／【地行地区】福岡市営地下鉄空港線西新駅から東へ徒歩約15分／【西新地区】福岡市営地下鉄空港線西新駅から徒歩5分（移築復元遺構は西南学院大学構内）／【姪浜地区】福岡市営地下鉄空港線姪浜駅から昭和バスでマリノアシティ福岡下車、徒歩5分（カーパレスマリノア南隣）／【生の松原地区】ＪＲ筑肥線下山門駅から徒歩10分／【今宿地区】ＪＲ筑肥線今宿駅から徒歩15分／【今津地区】ＪＲ筑肥線今宿駅から昭和バスで大原海水浴場前下車、徒歩5分

総延長二〇kmの防塁

十三世紀、史上最大の帝国を築いたチンギス・ハンの孫、フビライ・ハンは国号を元に改め、当時朝鮮半島にあった高麗を従え、日本に朝貢関係を促してきた。当時、日本は鎌倉幕府において北条家が執権として武家政権を握っていた時代、執権の北条時宗は元からの申し出を固辞、文永十一（一二七四）年、高麗兵を始めとする元軍約二万八千人が、博多湾に押し寄せた。世にいう「文永の役」である。

沿岸防備に当たった鎌倉御家人たちは「てつはう」などの最新兵器、集団戦などの、これまで経験したことのなかった戦術に圧倒され、大宰府の水城まで撤退し、元軍の上陸を覚悟するが、元軍は本格的に日本を侵略することなく撤兵した。

鎌倉幕府は元軍の再度の襲来を恐れ、博多湾岸の今津（福岡市西区）から香椎（同東区）までの総延長約二〇kmに及ぶ防塁を、わずか半年間で築

元寇防塁位置図（柳田純孝「元寇防塁と中世の海岸線」〔川添昭二編『東アジアの国際都市 博多』平凡社〕をもとに作成）

生の松原地区の元寇防塁（福岡市提供）

『蒙古襲来絵詞』後巻第6－7紙（部分。宮内庁三の丸尚蔵館蔵）。防塁の前を通る竹崎季長の一行

いた。これが元寇防塁である。

台風と共に元軍を退ける

現在、元寇防塁は今津、今宿《いまじゅく》、生《いき》の松原《まつばら》、姪浜《めいのはま》（福岡市西区）、西新（同早良区）、地行《じぎょう》（同中央区）、博多（同博多区）、箱崎（同東区）に残され、多くは国の史跡に指定されている。

西新地区の防塁は発掘調査が行われ、幅三・三m、高さ約二・五mの石垣積みの石塁の背後に幅一・五m、高さ一・三mの土塁が並列する構造であった。防塁の築造は地区ごとに割り当てが決められており、大隅国・日向国が今津、肥後国が生の松原であったことがわかっていて、構築方法も地区ごとに違いがある。

西新地区（西南学院大学構内）の他にも、生の松原地区や博多地区（博多小学校構内）などで、整備・復元された状態で見学することができる。

当時の姿を見るには生の松原地区の防塁が良いであろう。長垂《ながたれ》海岸から小戸海岸にかけての約二・五kmの間、砂浜と松原の間に元寇防塁が築かれている。『蒙古襲来絵詞』で有名な肥後の御家人・竹崎季長《すえなが》は、まさにこの生の松原を防衛した武将である。

文永の役から七年後の弘安四（一二八一）年、今度は十四万の大軍で元軍が再び北部九州沿岸を席巻した。博多湾岸を防衛していた御家人たちは、防塁を利用して元軍の上陸を阻止、折しも台風の襲来により元船の多くは難破、さらに日本軍の追撃により元軍はほぼ壊滅状態となって撤退。防塁の効果もあって、元軍の撃退に成功したのである。

日本の中世で最大の対外戦争「元寇」。日本史上においても欠かすことのできないこの大事件を物語る物証として、元寇防塁はまさに名城といえよう。

［岡寺］

豊臣政権下における鎮西の拠点

立花山城《たちばなやまじょう》

所在地　福岡市東区下原、糟屋郡新宮町立花口・原上、同郡久山町山田
別　名　立花城
アクセス　西鉄バス下原より鷲尾大権現からの登山道と、立花口からの登山道がある。いずれも徒歩60－90分

大友・毛利による争奪戦

立花山城は筑前国糟屋郡に位置する。最も標高の高い主峰・井楼《せいろう》山と松尾山・白岳を中心に、山腹に大つぶら・小つぶら、大タヲ・イバノヲ、馬責め馬場、大一足・小一足などの曲輪《くるわ》群を有し、広範囲に城域が展開する。

立花山城の周辺は香椎郷（香椎宮領）になる。鎌倉後期に大友氏の所領となり、建武年間（一三三四－三八）に一族の貞載《さだとし》が立花山城を築城し立花氏を称したとされる。永禄年間（一五五八－七〇）には立花鑑載《あきとし》が井楼山に入り、白岳に入った怒留湯《ぬるゆ》融泉《ゆうせん》（豊後国より派遣された支城主）と共に、薦《こも》野《の》氏・米多比《ねたび》氏ら在番衆を編成する体制がとられた。

永禄後期に大友氏と毛利氏は立花山城を巡って激しい攻城戦を繰り広げる。この戦いで毛利方に転じた立花氏は没落し、代わりに大友氏は吉弘鑑理《あきまさ》や戸《べ》次《つき》鑑連《あきつら》（道雪《どうせつ》）ら宿老クラスを立花山城主に派遣し筑前国支配を進める。天正後期には道雪の養嗣子・統虎《むねとら》が立花氏名跡を継承し、大友方勢力の軍事拠点として立花山城を固守した。

天正十五（一五八七）年の豊臣政権の九州国分けにより小早川隆景《たかかげ》が入城する。隆景は直後に名島城を築城し、移転する。立花山城はその後も支城として使用されたが、関ケ原戦後の黒田氏時代に廃城になったと見られる。

最先端の縄張り技術による大改修

立花山城は井楼山・松尾山を中心に立花氏時代の曲輪群が連なる。所々に土塁や石垣列などが確認される。以前は立花氏時代の遺構と見られていたが、近年、木島孝之氏の研究により、豊臣氏の支援を受けた小早川隆景が大改修を施したことが明らかになった。

井楼山地区第２郭の石垣。小早川隆景の改修により築かれた外枡形虎口を構成する

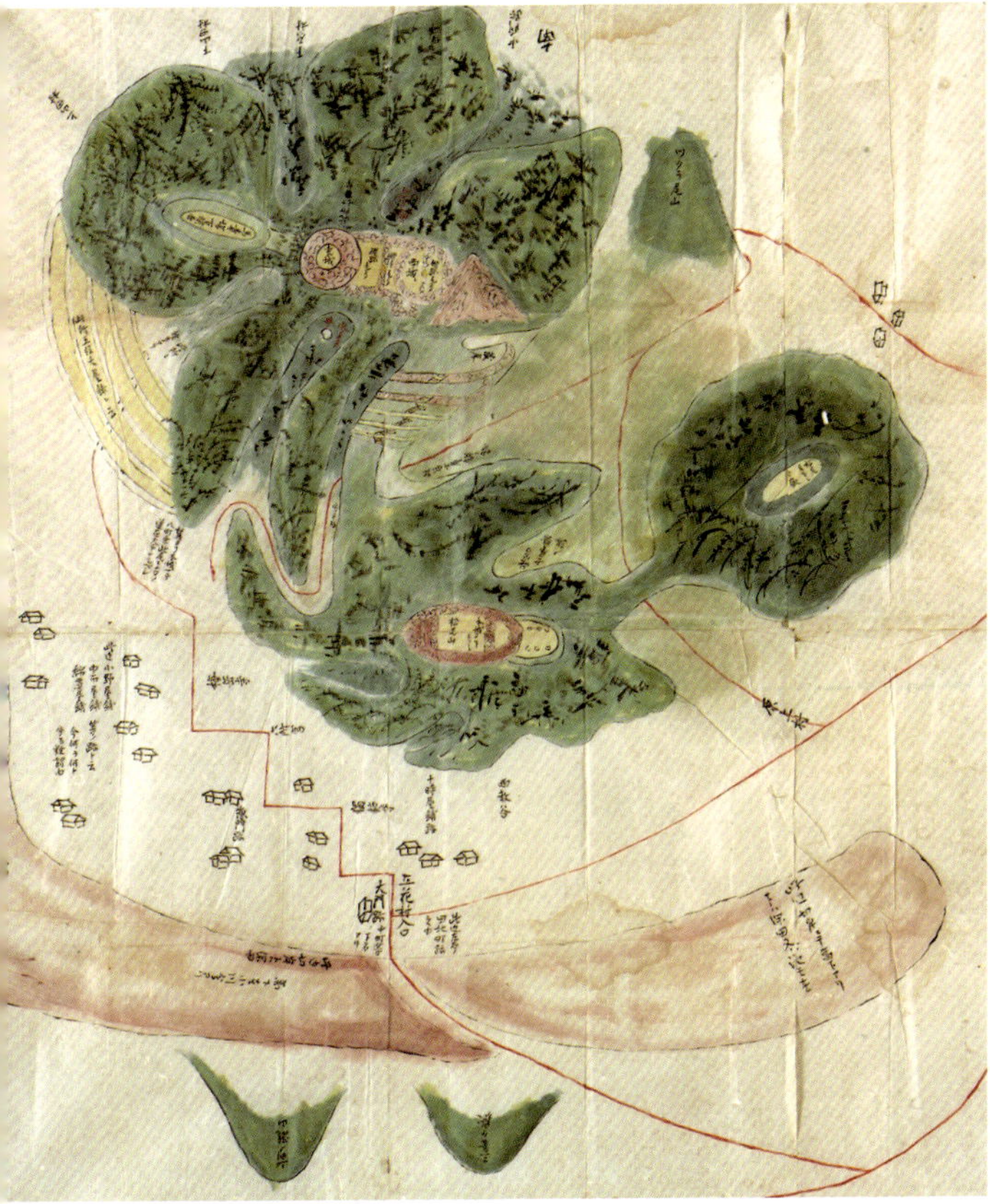

「立花山図」(「立花織衛家文書」，柳川古文書館蔵)。柳川藩家老の家に伝えられた近世の立花山城図。江戸時代に作成されたもので，記号的な描写ながらも城跡と城下の集落などが描かれており，関連情報も記載されている

豊臣取立大名として入部した小早川隆景は、井楼山を中心に松尾山との間の稜線などに織豊《しょくほう》系縄張り技術による改修を集約させた。その代わり、立花氏時代に使用した白岳や秋山谷、馬責め馬場など周辺の曲輪群を放棄するなど、城域の絞り込みを図った。具体的には、

①立花氏時代に東城と西城に分かれていた井楼山は、横矢掛《よこやが》かりを持つ石垣塁線で周囲を固め、連続外枡形虎《そとますがたこ》口《ぐち》を持つ主郭に再編する。

②井楼山と松尾山を繋ぐ大タヲ・イバノヲでは土塁の両端を石垣・登り石垣で強化し、食い違い虎口を設定するなど織豊系縄張り技術による改修を加える。これにより、主郭部を起点として城外に対する防御と迎撃を兼ね備えた外郭ラインを整備する。

③小つぶらにある土塁の先端に連続する外枡形虎口を加えると共に、内側に連なる曲輪にも外枡形虎口を設定して内部空間を仕切ることで段階的に防御する橋頭堡《きょうとうほ》に改修する。

などの点が挙げられる。小早川氏による大規模な改修の背景については、豊臣政権にとって鎮西の押さえとして整備すると共に、強大な軍事力を保持する小早川氏や毛利氏を陣頭に据えて九州統治を進め、来たるべき朝鮮出兵に向けて豊臣大名路線を促進させる狙いがあったと考えられている。

　立花山城の縄張りからは、朝鮮出兵を念頭に置き、鎮西の前線基地を整備した豊臣政権の並々ならぬ西国政策の意気込みを知ることができる。［中西］

安楽平城《あらひらじょう》

天然の要害に築かれた早良郡の軍事拠点

所在地　福岡市早良区東入部・重留・脇山
別　名　荒平城
アクセス　福岡市営地下鉄七隈線野芥駅から西鉄バス。脇山側は西鉄バス城の原から城の原林道経由で登山道あり。重留側は西鉄バスさわら台団地から林道を通って登山道あり。いずれもバス停から徒歩約90分

大村氏から小田部氏へ

安楽平城は筑前国早良《さわら》郡の荒平《あらひら》山に築かれた山城である。脊振《せふり》山系の麓にあり、山岳寺院で栄えた油《あぶら》山や西油山にも近い。麓の東入部《ひがしいるべ》に菟道岳《うじがたけ》城がある。

十五世紀末に筑前国に進出した大内氏は安楽平城や高祖《たかす》城、高鳥居《たかとりい》城などの諸城を取り立て、現地に派遣した郡代を城督に任命するなど集権的な領国支配と支城体制を推し進めた。安楽平城督には早良郡代の大村氏（重継《しげつぐ》・興《おき》景《かげ》）らが在任した。

大内氏が滅亡すると大村氏は没落し、代わりに勢力を伸ばした大友氏は早良郡の国衆・小田部《こたべ》紹叱《じょうしつ》（豊後国衆・大鶴氏の養子）を安楽平城主とする。しかしながら、天正八（一五八〇）年に肥前龍造寺氏の筑前進攻に伴い落城し、小田部統房《むねふさ》（紹叱の子）は立花山城に退去する。

特徴的な防塁型ライン

安楽平城の縄張りを特徴づけるのは、土塁・石塁を多用する防塁型の防御ライン（防塁型ライン）である。主郭部（荒平山山頂の曲輪《くるわ》群）から谷を挟んで対岸の稜線に伸び、城域を一体的に防御する役割を持つ。同様の縄張り技

左：荒平山山頂（395m）に立つ安楽平城跡碑／右：荒平山山頂の曲輪群の南側斜面に見られる石垣。高さ２ｍ程度の野面積みで，裏込め石はないものの，この地域の在地系城郭では高い技術を示す

荒平山山頂の曲輪群と対岸の稜線を繋ぐ馬蹄状地形に築かれた石垣塁線。高さ１－1.5m程度の石積みを２段に分けて積み上げている

術は鷲ケ岳《わしがたけ》城（大鶴氏、那珂川町）や勝尾《かつのお》城（筑紫氏、佐賀県鳥栖市）、高祖城（原田氏）など筑肥国境周辺の拠点城郭に共通して見ることができる。

主郭部は四段の曲輪から構成される。全体として自然地形に沿った形状であるが、曲輪の間の切岸《きりぎし》に石列が見られるなど整形した形跡が確認できる。また城外に伸びる尾根筋に対しては、二重・三重に堀切《ほりきり》を配して徹底的に遮断する。

主郭部から対岸の稜線に伸びる防塁型ラインを見ると、主郭部の南側斜面は二m程度の高さの石垣で固める。そして、主郭と対岸の稜線を繋ぐ馬蹄《ばてい》状地形には高さ一－二m程度の石垣塁線を築き、途中に櫓台《やぐらだい》とセットになった平入り虎口《こぐち》を構える。一方、対岸の稜線は外側に面して土塁を築く。そして、北側の先端部には石垣で補強した部分が見られる。全体の縄張りの中で、防塁型ラインに集中して技巧的な縄張り技術を見ることができる。

安楽平城と同様の防塁型ラインを持つ事例として前掲の勝尾城が挙げられる。また、落城後の安楽平城は筑紫氏が接収し、筑紫恒門《つねかど》（大村氏の一族で筑紫氏との姻戚関係を通して一門化）が城主となっている。このことを勘案すると、基本的な部分は小田部氏段階で整備されたものの、防塁型ラインなどの技巧的な縄張り技術に関しては筑紫氏段階の改修の可能性が考えられる。即ち、安楽平城は従来の小田部氏段階での評価に加えて、大村氏の名跡を継承し早良郡に進出した筑紫氏の動向を知る手掛かりとして評価できる。

天正十四年に筑紫氏が島津氏に降伏すると安楽平城は接収される。『上井《うわい》覚兼《かくけん》日記』では、攻め手の島津氏側から立花山城に籠もる立花統虎《むねとら》に対して、下城の見返りに安楽平城を与えることが提案されている。その後、島津氏の撤退時に筑紫氏は安楽平城を奪回するが、九州国分け後に廃城になったと見られる。

［中西］

二丈岳山頂の国見岩から唐津湾を望む

怡土郡西部の拠点的城郭

二丈岳城《にじょうだけじょう》

所在地　糸島市二丈深江
別　名　深江岳城
アクセス　JR筑肥線深江駅から徒歩2時間10分。山の南西にある真名子木の香ランドに駐車場があり、そこからは徒歩40分

糸島市西部、旧二丈町のシンボルで町名の由来になっていた二丈岳の山頂（標高七一一m）に位置する。

深江氏の代々の居城で、天正十四（一五八六）年には、豊臣秀吉の九州征伐に備え、城主・深江豊前守良治《よしはる》は高祖《たかす》城の防備につき、二丈岳城には肥前松浦郡の国人領主・草野鎮永《しげなが》が入り、九州平定後に廃城となったとされる。

山頂部には五段ほどの曲輪《くるわ》が並列し、曲輪の平坦面上には自然石の露頭が散在する。一際大きな岩は「国見岩」と呼ばれ、そこからは、志摩半島から唐津湾までの雄大な眺めを呈する。

曲輪の縁辺部には、巨岩の間を塞ぐように割石で積み上げた石垣が累々と残されており、曲輪全体を防御する。曲輪の西側の尾根上には堀切《ほりきり》二条も確認することができる。

また、ここでは戦国時代の瓦が採集されており、城があった時代には瓦葺き建物が建てられていたと考えられる。

山頂から北へ下った尾根上には平坦面が展開するが、石垣・窟・基壇・通路などの存在から、これらは山頂に祀られる一貴山《いきさん》白山宮に関わる坊院群であったのを、後に城郭として利用したものであろう。

［岡寺］

曲輪の縁辺部に自然石で積まれた石垣

古代山城の遺構を利用した原田氏の居城

高祖城《たかすじょう》

所在地　糸島市高祖、福岡市西区今宿上ノ原
アクセス　ＪＲ筑肥線周船寺駅から糸島市コミュニティバス（はまぼう号）川原線で高祖下車、高祖神社経由で登山道あり。徒歩60分

高祖城は古代怡土《いと》城の一角、高祖山（標高四一六ｍ）山頂に築かれた。高祖城は十五世紀末に大内氏が取り立てた支城の一つで、烏田《からすだ》氏らが城督に派遣された。大内氏滅亡後は在番衆の原田氏が台頭し居城とする。原田氏は天正後期に急速に勢力を拡大し、筑前国西部から肥前国松浦郡の一部にかけて領国を築く。しかし、天正十四（一五八六）年に豊臣政権に降伏し、高祖城は廃城となる。

上：発掘調査で見つかった上の城の主郭の石積み。高さ１－1.5ｍ程度で，曲輪の周囲を固める土留めの役割を果たす／左：高祖城出土瓦（以上２点，伊都国歴史博物館提供）

高祖城は稜線に沿って上の城・下の城、南側外曲輪《そとぐるわ》から構成される。縄張りの特徴は次の通りである。

①上の城や南側外曲輪の外周部及び上の城・下の城を繋ぐ馬蹄状部分に土塁を築き、複数の曲輪群が一体的に機能する縄張りを創出した。

②地形条件に合わせて、土塁の他に上の城の北側緩斜面に畝状《うねじょう》空堀群《からぼりぐん》を築くなど、複数の縄張り技術の使い分けが見られる。

③発掘調査では、上の城主要部には土留め状の石垣が検出され、平入り虎《こ》口《ぐち》が確認された。曲輪面には礎石と多数の瓦、陶磁器類が検出され、瓦葺き礎石建物に生活空間が営まれたと見られる。

高祖城の縄張りから、天正後期の北部九州では、原田氏のように一、二郡規模の有力国衆クラスであっても、瓦葺き礎石建物や石垣など技巧的な築城・普請技術を使いこなしたことが看取される。文字史料では大名間抗争に従属する存在とされてきたこの地域の有力国衆について、城郭跡からの再評価が期待される。

［中西］

見事な石垣が残る那珂郡最奥部の城郭

一ノ岳城《いちのたけじょう》

所在地　筑紫郡那珂川町五ケ山
アクセス　ＪＲ博多南駅から那珂川町コミュニティバス（かわせみ）、もしくは西鉄天神大牟田線大橋駅から西鉄バスで南畑発電所下車、国道385号線を南へ徒歩約2・5キロ（40分）、南畑ダム記念碑手前の林道に入り徒歩約1時間30分

石垣が物語る高度な技術

那珂川《なかがわ》町には、拠点となるような戦国時代の城郭が多く見られる。山田の龍神山《たつかみやま》城（岩門《いわと》城）や、成竹の鷲ケ岳《わしがたけ》城の他、那珂郡の最も南に位置する五ケ山の一ノ岳山頂には一ノ岳城がある。

国土地理院の地図を見ると、標高六九五・七m地点に「一ノ岳」の表記が見られるが、これは誤記で、古来からの一ノ岳はその東側の標高六四八mの頂部の方であるため注意願いたい。誤記された方の山は「陣の尾山」と呼ばれる。

一ノ岳城は、当初は少弐《しょうに》氏の居城であったが、十五世紀末の頃に筑紫氏の拠点城郭となっていく。筑紫氏は五ケ山の一ノ岳と勝尾城（佐賀県鳥栖市）を拠点とした国人領主で、戦国時代末期には毛利方、そして龍造寺方につき、龍造寺氏衰退後は大友方となって、天正十四（一五八六）年には島津勢を迎え撃っている。

城の規模は、山頂を中心に五〇〇m四方近くもある。山頂には曲輪《くるわ》が数段配置され、自然石に混じり石垣が積まれている状況が確認できる。そして、西側の斜面には横堀と三十本ほどの畝《うね》状空堀群《じょうからぼりぐん》を組み合わせた厳重な防備が施されている。

南畑ダム南側から一ノ岳城，亀ノ尾城を望む

山頂から東側に下ると、やや広い平坦面が展開し、北と南の斜面に非常に立派な石垣がある。特に南側斜面の石垣は総延長三〇m、最大の高さも二mを超える大がかりなもので、中には長さ一mを超える大石を用いた箇所も見られる。このような大規模な石垣は勝尾城でも見ることができ、筑紫氏の石垣技術の高さや共通性を窺い知ることができる重要な資料である。

上：第２郭の南側斜面に築かれた石垣。野面積みながら，その高さと規模には圧倒される／下：第２郭の北側斜面にも石垣は築かれる。傾斜地にすりつけるように石を積んでいる様子がわかる

城を奪回した筑紫広門

　このように筑紫氏の拠点の一つとされた一ノ岳城であったが、天正十四年に島津勢が勝尾城を三日で攻略し、城主・筑紫広門《ひろかど》を捕らえると、岩屋城、宝満《ほうまん》城を攻め落とし、一ノ岳城にも攻撃の手が掛かってきた。一ノ岳城の東側には亀ノ尾峠を挟んで亀ノ尾城という出城があったが、島津方はまず亀ノ尾城を攻略、亀ノ尾城を付城《つけじろ》（向城《むかいじろ》）として一ノ岳城を攻め落とした。落とされた一ノ岳城は島津方の秋月氏のものとなった。

　しかし、島津勢が立花山城を落とせずに撤退し、さらに翌年には豊臣秀吉が九州征伐を敢行し、島津勢を九州南部へ追いやると、幽閉されていた筑紫広門は島津方の手から脱出することに成功、瞬く間に一ノ岳城、勝尾城を奪回し、秀吉の九州国分けにより筑後福島五万石が与えられることとなった。

　五ケ山といえば、江戸時代の筑肥国境争論の国境石が有名である。しかし、戦国時代にはその国境を股にかけ、縦横無尽に闊歩した筑紫氏が頼みとした城が、この一ノ岳城なのである。　［岡寺］

高鳥居城《たかとりいじょう》

長大な畝状空堀群と堅固な防塁を備えた山城

所在地　糟屋郡須恵町須恵・上須恵、篠栗町若杉
別　名　岳城
アクセス　ＪＲ香椎線須恵駅から西鉄バスで一番田下車、皿山公園（駐車場あり）経由で林道（車両規制）あり。徒歩60－90分

岳城山山頂からの眺望。右奥には立花山（立花山城跡）も見える（須恵町教育委員会提供）

高鳥居城は山岳寺院で栄えた若杉山に近い岳城山《たけじょうやま》（標高三八一・四ｍ）に築かれた。山上には電波塔があり、麓からの林道が城域の一部を破壊している。

高鳥居城は大内氏が整備した支城の一つで、守護代の杉氏が城督を歴任した。大内氏滅亡後、杉氏は鞍手《くらて》郡に移り、高鳥居城は廃城となる。その後、天正十四（一五八六）年に秋月氏は同盟関係にあった島津勢と共に筑前国西部に進出する。その際、立花山城攻めの前線として高鳥居城を修築し、与同する星野氏を在番に配した。しかし、その直後に立花勢の襲撃を受け落城する。

高鳥居城の縄張りを特徴づけるのは、外周部に築かれた堅固な防塁型の防御ライン（防塁型ライン）である。外周部の斜面に無数に刻まれた畝状空堀《うねじょうからぼり》群《ぐん》と堀切《ほりきり》や横堀を組み合わせることで、地形に左右されず切れ目ない長大な防塁型ラインを創出する。対照的に内部の曲輪《くるわ》配置では主郭への求心性や個々の曲輪が未分化なままである。

高鳥居城のように畝状空堀群を多用する技巧的な防塁型ラインは、北部九州では秋月氏と与同する勢力の持城に共通して見られる。秋月氏が在地諸勢力を糾合する拡大路線を進め豊臣政権と対峙した際に、糾合する諸勢力の軍事組織化や統制を進める時間的余裕がない中で、囲い込むための防塁型ラインの強化に特化することで大規模な軍事力結集を図り、軍事的に優位に立とうとした様子が見て取れる。

［中西］

熾烈な戦いが繰り返された宗像氏の軍事拠点

許斐岳城《このみだけじょう》

所在地　宗像市王丸、福津市八並
アクセス　ＪＲ鹿児島本線東郷駅下車、徒歩45分で許斐公園の登山口で、そこから徒歩30分。また、駅から徒歩50分で八並登山口で、そこから徒歩45分。いずれの登山口にも駐車スペースがある

　宗像郡のほぼ中央、独立した山塊の許斐岳（標高二七一ｍ）の山頂に位置する。山の南には唐津街道が走り、山頂からは宗像一帯が見渡すことのできる交通の要衝である。

　山頂一帯に曲輪《くるわ》群が展開し、要所には堀切《ほりきり》や畝状空堀群《うねじょうからぼりぐん》を設け、堅く防御する。また、山頂から南へ進むと「金魚池」と称する凹地があり、『筑前国続風土記』によれば城の用水池として利用されたという。実際に現在も、降雨後は水が溜まる。

　金魚池のさらに南側へも曲輪群は広がっており、尾根の鞍部を越えた南の尾立《おたて》山まで城域は広がり、実に南北五〇〇ｍに及ぶ大規模な城郭である。

　許斐岳城は平安時代に宗像大宮司氏《うじ》平《ひら》が築き、後に宗像一族の許斐氏の居城になったと伝えられる。筑前では立花山城を拠点とする大友方が宗像を攻める際には、必ずといってよいほど、まず許斐岳城が標的となり、たびたび戦乱を繰り広げている。宗像大宮司家最後の当主・氏貞《うじさだ》も、本城の蔦岳《つただけ》城に次いで、領内最重要拠点として位置づけていたようである。

　また、この山は霊山としても信仰厚く、山頂の北側には熊野神社があり、御神体として熊野三尊石が祀られている。

　山麓周辺にもゆかりの文化財は多い。福津側の八並《やつなみ》には、豊臣秀吉が立ち寄ったと伝えられる「太閤水」の古跡が、宗像側の大穂《おおぶ》には許斐氏の墓や小早川隆景《たかかげ》の墓がある宗生寺《そうしょう》などがある。

［岡寺］

上：許斐岳城遠景（蔦岳城跡より）。左奥に立花山が見える
下：金魚池。城の貯水池として使われ，金魚がいたとも伝わるが，許斐岳に置かれた金魚山熊野宮との関連も考えられる

県内有数の規模を誇る宗像氏の本拠

蔦岳城《つただけじょう》

所在地　宗像市陵厳寺・三郎丸、遠賀郡岡垣町上畑
別　名　岳山城、赤間山城
アクセス　ＪＲ鹿児島本線教育大前駅から徒歩50分

堅固な防塁と数々の出城

宗像郡の北東、遠賀《おんが》郡との境に聳える城山（標高三六九ｍ）にある。

山頂の主郭を中心に、尾根上に広大な曲輪《くるわ》群が展開し、周囲にはおびただしい数の畝状空堀群《うねじょうからぼりぐん》、尾根上には堀《ほり》切《きり》群を構築し、厳重に防備する。東西八〇〇ｍ、南北五〇〇ｍに及び、さらに周囲には茶臼山《ちゃうすやま》城、石丸《いしまる》城、平等《びょうどう》寺《じ》城などの出城を配置し、規模や内容において県内有数の名城である。

蔦岳城は平安時代、宗像大宮司家・妙忠《たえただ》の時代に築城されたと伝えられるが、現在の形に整えられたのは、戦国時代の七九代氏貞《うじさだ》の時である。

最後の宗像大宮司・氏貞波乱の生涯

氏貞は七六代正氏《まさうじ》の庶子で、大内・陶《すえ》氏の支援を得て、天文二十（一五五一）年、宗像の白山《はくさん》城（宗像市山田）に入った。宗像入部の際には、先代氏《うじ》男《お》の弟・千代松丸との間に相続争いが起こり、千代松丸を始め、その妻・菊姫や、菊姫の母で正氏正室の山田局らも殺害する。世にいう「山田事件」である。氏貞は殺害した六人の女子の怨霊を鎮めるため、山田増福院を建立したという。

氏貞は家督を相続した後も、同族の鎮氏《しげうじ》に攻められ、永禄二（一五五九）年に一時は大島へ避難する。翌三年に帰還して許斐岳城を奪回、翌四年には、南北朝時代に宗像大宮司氏俊《うじとし》が居城としていた蔦岳城を大々的に改修、氏貞の本城とした。折しも、豊後大友勢が筑前立花山城を拠点として宗像領を侵

宗像四塚連峰（左から湯川山，孔大寺山，金山，城山）遠景（許斐岳城跡より）

犯せんと、宗像西部の許斐岳城を攻め立ててきたが、その猛攻を凌いだ。

　永禄十二年、毛利・大友の北部九州における最終決戦時に毛利方についたため、毛利勢が筑前より撤退した際には再度大友勢の猛攻を受けるが、氏貞は蔦岳城において徹底抗戦し、最終的に和議に持ち込んで、本領を安堵されるに至った。その後、大友方の弱体化もあって、宗像を始め鞍手《くらて》郡・遠賀郡までの広範囲を支配する有力国人領主へと成長し、筑前北部の一角において確たる地位を占めるようになった。

　しかし、豊臣秀吉が九州征伐を行う直前の天正十四（一五八六）年四月、氏貞は四十一歳の若さで世を去り、大宮司家は断絶、翌年、秀吉の九州国分けによって、宗像の地は小早川隆景《たかかげ》が領するところとなった。後世、大宮司家断絶は菊姫母子の怨念によると伝えられるようになった。

　現在、山頂の主郭に立つと、北東には響《ひびき》灘が広がり、三里松原の海岸線が美しく弧を描く北西には玄界灘、大島、天気の良い日には沖ノ島も見えるという。東には帆柱《ほばしら》山も見え、氏貞が支配した一帯を眼中に収めことができる。

〔岡寺〕

『山田増福院縁起』下巻（部分。山田増福院蔵，宗像市教育委員会提供）。殺害された怨みに燃える菊姫の怨霊を描く

尾根上に築かれた堀切。岩盤を砕いて掘り抜いているのがわかる

山内の随所に残る往時の遺構

花尾城《はなおじょう》

所在地　北九州市八幡東区前田、八幡西区熊手・鳴水
アクセス　JR鹿児島本線八幡駅もしくは黒崎駅から西鉄バスで花尾東登山口下車、花尾公園（2−3台駐車可能）への登山道あり。徒歩20分

花尾山山頂から西側に続く曲輪に築かれた石垣。戦国期のもので高さ２mほど

花尾城は筑前国遠賀《おんが》（御牧《みまき》）郡の東部にあり、洞海《どうかい》湾に面した皿倉《さらくら》山・帆柱《ほばしら》山の山腹に位置する花尾山（標高三四九・八m）に築かれた山城である。山上からは八幡の祇園原や黒崎市街地が一望できる。現在は花尾公園として整備されており、一部破壊を受けている。また、峰伝いに帆柱山城が近接しており、セット関係で機能したと見られる。

築城主体の麻生氏は室町幕府との関係の深い有力国衆であった。文明十（一四七八）年の花尾城合戦を契機に大内氏被官となる。大内氏の持城となった花尾城には城督が派遣された。大内氏滅亡後には、分裂した麻生氏が花尾城の激しい争奪戦を繰り広げた。

花尾城の縄張りは山頂の主郭から東西の稜線に沿って曲輪《くるわ》群が並ぶ。主郭は二つの曲輪に分かれ、山頂の曲輪には土塁や石垣列があり、斜面には多くの畝状空堀群《うねじょうからぼりぐん》が見られる。主郭の東側は曲輪群があるが、その間は巨大な堀切《ほりきり》で遮断されている。この他、主郭部西側には櫓台を伴う石垣列がある。

これらの遺構の大半は天正（一五七三−九二）後期に麻生氏が整備したと見られる。ただし、畝状空堀群の規模の大きさや、費やされた土木量の多さから、最終的な改修は秋月氏の影響も考えられる。

なお、主郭の北側斜面には登り石垣で囲まれた井戸曲輪が確認される。この井戸曲輪については、石垣の積み方から黒田氏段階の改修で、遠見番所として利用されたと考えられる。［中西］

花尾山山頂の北側斜面にある井戸曲輪の石垣。江戸時代のものと見られる

上：曲輪の周りに構築された畝状空堀群
下：主郭からの眺め。飯塚一帯が見渡せる

宗像氏と秋月氏の〝境目〟の城郭

笠木山城《かさぎやまじょう》

所在地 飯塚市庄司、宮若市宮田
別　名 笠木城、笠置城、笠城山城
アクセス ＪＲ筑豊本線新飯塚駅からＪＲバスで千石峡入口下車、徒歩20分で千石キャンプ場の登山口に到着、そこから徒歩60分。キャンプ場に駐車可。飯塚市相田にも登山口がある（駐車可）

飯塚市の北、宮若市との境に聳える笠置《かさぎ》山（標高四二五ｍ）は、弥生時代には立岩産の石包丁の材料として名高い輝緑凝灰岩《きりょくぎょうかいがん》を産し、化石が採取できる山としても有名であるが、その山頂に笠木山城は位置する。

城の北側の鞍手《くらて》郡には、戦国時代には有力国人領主の宗像氏が勢力を伸ばす一方で、城の南側の穂波郡には、筑前秋月を本拠とする有力国人領主の秋月氏が勢力を伸ばしていた。この笠木山城はまさに宗像氏と秋月氏が勢力争いを繰り広げた〝境目の城郭〟であったといえよう。『筑前国続風土記』なども、初め宗像氏の出城で占部《うらべ》越前守宗安《むねやす》が在城し、その後秋月氏の城となり、乗手《のりて》石見《いわみ》、柏井《かしわい》九郎左衛門《くろうざえもん》、恵利《えり》出雲《いずも》が城代であったとしている。

城郭の構造は、山頂部を中心とし、主にその東側の尾根伝いに広がりを見せ、主要部分のみでも総延長約四〇〇ｍと長大である。中でも注目すべきは、北－西側斜面にかけて構築された四十本あまりの畝状空堀群《うねじょうからぼりぐん》である。また一部には石垣も確認でき、まさに境目の城郭にふさわしい大規模かつ堅固な城の構えといえよう。［岡寺］

日本戦国史上有数の激戦の舞台

岩屋城

いわやじょう

所在地　太宰府市太宰府
アクセス　西鉄太宰府線太宰府駅から徒歩40分

籠城十四日、死者七百六十余名

　大宰府政庁の北側、古代山城で有名な大野城があった四王寺《しおうじ》山の中腹、岩屋山山頂に位置する。山頂の伝本丸跡には、「嗚呼壮烈岩屋城址」の石碑、林道を挟んで下にある伝二の丸跡には高橋紹運《じょううん》の墓と、岩屋城合戦から二百年経過した寛政六（一七九四）年に建立された高橋紹運公碑があり、周囲には土塁、堀切《ほりきり》、畝状空堀群《うねじょうからぼりぐん》などの防御遺構も見られ、南麓一帯に城域が広がる。

　岩屋城は、文明十（一四七八）年前後に、豊前・筑前を平定した戦国大名・大内氏の御笠《みかさ》郡の軍事的拠点として築城されたのがその始まりである。

　大内氏滅亡後、豊後の戦国大名・大友宗麟《そうりん》が、御笠郡一帯の支配のため宝《ほう》満《まん》山の宝満城と岩屋城に城督を置いた。当初、その城督は高橋鑑種《あきたね》であった。高橋氏は、筑後国御原《みはら》郡高橋（三井《みい》郡大刀洗《たちあらい》町高橋）を本拠とする一族である。

　しかし、鑑種はその後、大友宗麟に叛き毛利方についたため、豊前規矩《きく》郡小倉城に移され、元亀元（一五七〇）年、大友家の重臣・吉弘左近大夫鑑理《あきまさ》の次男・鎮種《しげたね》（後の紹運）が高橋家の家督と宝満・岩屋城督を継いだ。

左：主郭に立つ「嗚呼壮烈岩屋城址」の石碑／右：高橋紹運の墓と高橋紹運公碑。伝二の丸跡に立つ

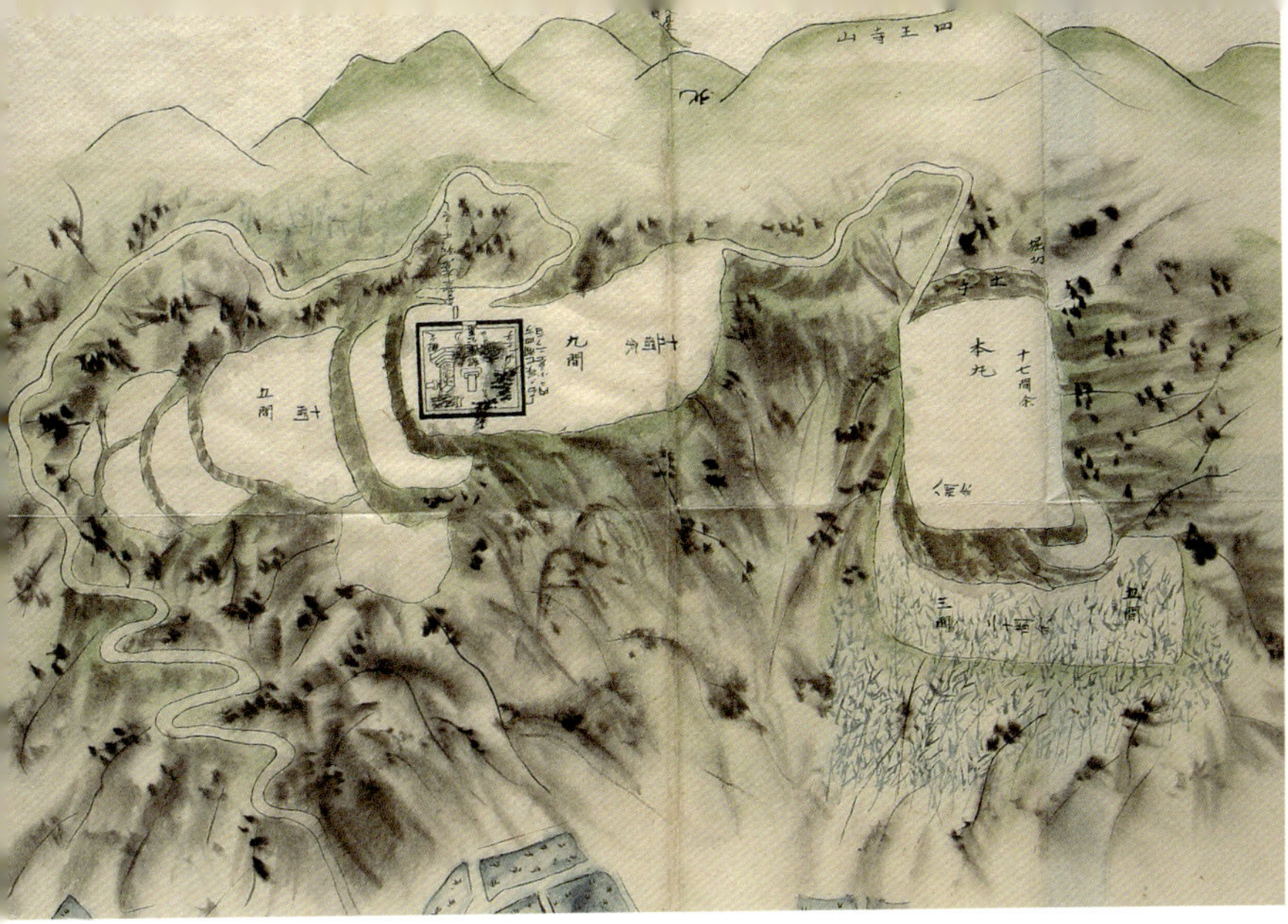

「岩谷古城図」（個人蔵）。文化 8（1811）年に秋月藩士の田代政美によって描かれた。城の縄張りを正確に描き出している

高橋紹運は後世の伝記などによると、武勇・知略に秀でた武将で、立花山城主・戸次鑑連《べつきあきつら》（道雪《どうせつ》）と共に、元亀・天正年間（一五七〇－九二）にわたり、大友氏の筑前地方の要として糟屋郡・御笠郡から筑後国にかけての一帯を押さえていた。しかし、天正十四（一五八六）年、九州制覇を目論む薩摩島津軍の筑前攻略において岩屋城が攻撃の標的となり激しい戦闘が行われた。いわゆる「岩屋城合戦」である。紹運は四－五万の島津軍を相手に徹底抗戦を唱え、籠城十四日にして、七月二十七日、紹運以下七百六十余名全員が討ち死にした壮絶な戦闘であった。

岩屋城合戦その後

落城後、岩屋城は宝満城と共に、島津方にあった秋月氏の下に置かれたが、八月に島津方が豊臣秀吉の九州征伐の報を受け、立花山城攻略を断念して筑前から撤退した。これにより、九月、糟屋・御笠郡一帯の地域は再び立花山城主・立花統虎《むねとら》（後の宗茂。紹運の実子で道雪の養子）の手中に収まることとなる。翌十五年、秀吉の九州平定・国分けの結果、筑前国は小早川隆景《たかかげ》の領国となり岩屋城は廃城となった。

伝本丸跡からは、大宰府政庁を始めとする太宰府・二日市の平野地帯を一望することができ、島津勢が陣取ったとされる般若寺《はんにゃ》跡の丘陵も見ることができる。今ではすっかり情景も変わってしまってはいるが、往時を偲ぶにはあまりある雄大な眺めといえよう。伝本丸跡・伝二の丸跡は四王寺林道に隣接しているため、自家用車で近くまで行くことができる。

［岡寺］

豊後国との境を守る秋月氏の出城

長尾城《ながおじょう》

所在地 朝倉市杷木林田
別　名 鳶山城
アクセス 甘木鉄道甘木駅下車、朝倉総合庁舎入口から西鉄バスで杷木バスセンター下車、国道386号線沿いに東へ徒歩約30分で杷木神籠石に到着、そこから徒歩約10分

朝倉市の東、大分県日田市との境近くには国史跡の杷木神籠石《はきこうごいし》があるが、神籠石の列石線上に長尾城は位置する。

標高一二九mの神籠石の最高所に城は位置し、五段ほどの曲輪《くるわ》とその周囲には堀切《ほりきり》、畝状《うねじょう》空堀群《からぼりぐん》、土塁などの防御遺構が見られる。中でも、この城の最大の特徴は畝状空堀群で、曲輪を一周するようにして八十本以上の竪堀が囲い込んでいる。一部に崩落箇所があり、この部分が往時の姿として残っていれば、百本近くもの竪堀があったと推測される。これは竪堀の数や密度としては有数のものであろう。

この城は秋月氏の出城で、城主は秋月氏家臣の木村甲斐、木村源太左衛門が入れ置かれた。天正年間（一五七三ー九二）に大友宗麟《そうりん》が、豊後からこの城を攻略するも、失敗に終わった逸話が残されている。いわゆる原鶴合戦である。

豊後との国境には、長尾城の他、杷木神籠石内の鵜木《うのき》城、真竹山《またけやま》城、針目《はりめ》城が築かれ、秋月氏の家臣が城主となっている。これらの城は小規模でありながらも、いずれも防御遺構として畝状空堀群を備えている。おそらく大友方との争乱に備え、秋月氏が境目の城郭を厳重に防備するための措置として構築したものと考えられる。

［岡寺］

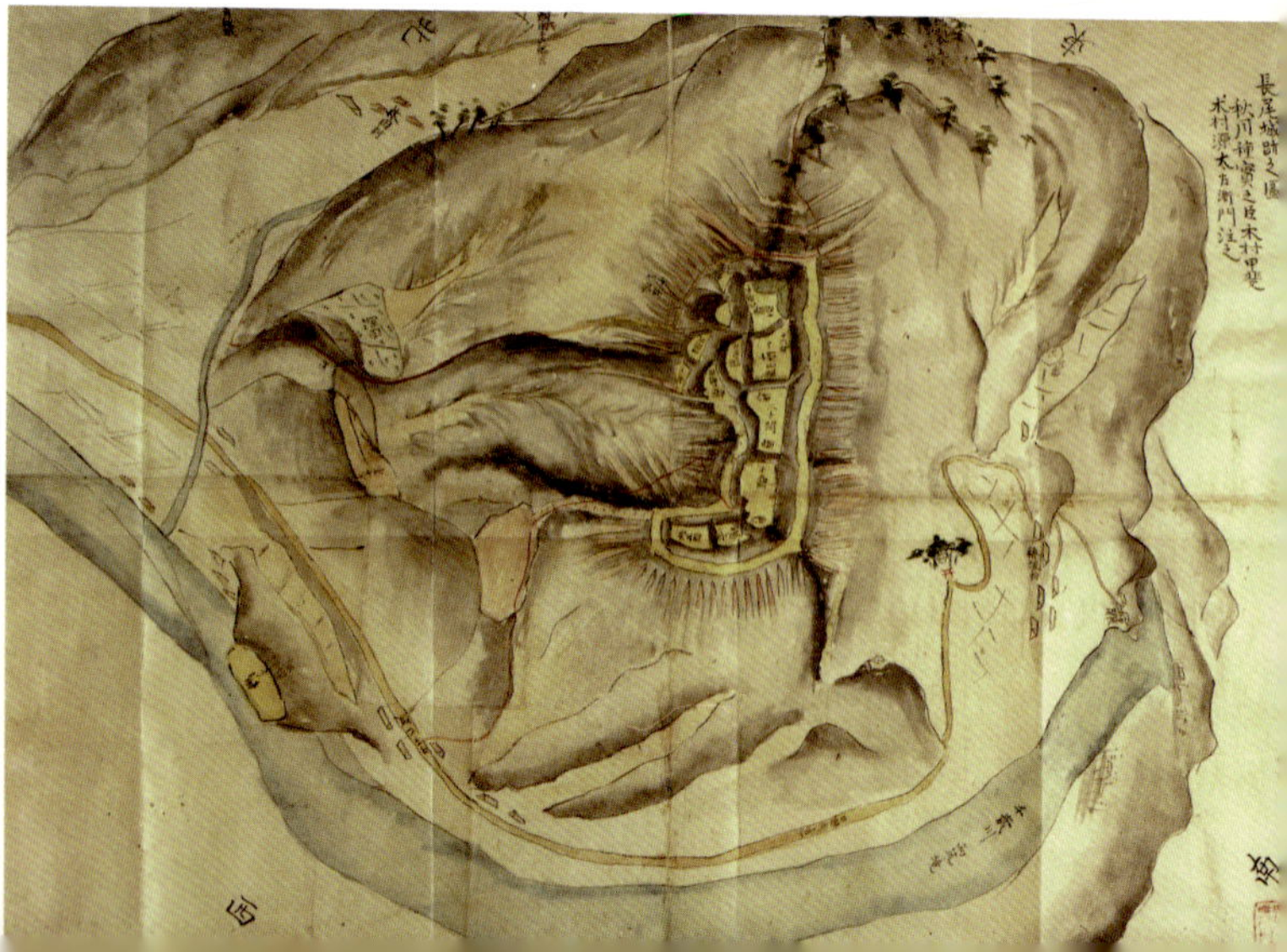

大倉種周「長尾城跡之図」（国立公文書館蔵）。堀切と畝状空堀群によって厳重に防備されている様子がわかる

戦国筑前の雄・秋月氏の本拠

秋月の中世山城《あきづきのちゅうせいやまじろ》

アクセス【古処山城】甘木鉄道甘木駅から甘木観光バスで野鳥もしくはだんごあん下車、徒歩90分。中腹の古処林道終点（駐車可）までは自家用車でも行くことができる。その他の城は現在登山道が整備されていないため登城は困難である。

小石原川沿いから見た古処山遠景。手前の小高い山（頂上にアンテナあり）が福岳城

朝倉市の中心・甘木《あまぎ》から小石原川《こいしわら》を遡っていくと、両側から丘陵状の山が迫って谷状の地形となり、やがて秋月へと辿り着く。そこには戦国時代、筑前の有力国人領主として名を馳せた秋月氏の城の数々が残されている。

小鷹《こたか》城（朝倉郡筑前町弥永）

谷の入口には両側にいくつかの城が存在する。左、つまり西側の丘陵に見える頂部には、小鷹城がある。楢原《ならはら》備後守高利《たかとし》が築城し城主となったが、その後に秋月種実《たねざね》の城代として内田善兵衛が入ったとされる。頂部から北側にかけて二段の曲輪《くるわ》が並列し、土塁・堀切《ほりきり》・畝状空堀群《うねじょうからぼりぐん》で防備する。

片山《かたやま》城・鼓《つづみ》ケ《が》岳《たけ》城（朝倉市持丸・下渕）

一方、東側の丘陵には片山城と鼓ケ岳城がある。片山城は採石のため早くに原形が損なわれて往時の姿を留めていないが、江戸時代の絵図には曲輪や堀切、畝状空堀群が描かれている。かたや鼓ケ岳城は、片山城の北にあり、現在も曲輪、堀切が残り、特に十一本の連続堀切群は壮観である。これらの城は、まさに秋月への玄関口を防御する城といえよう。

福岳《ふくだけ》城（朝倉市秋月）

谷をさらに一kmほど北へ進むと、幅

荒平城跡から秋月の町を望む。奥には筑後平野が見える

は狭くなり、正面に小高い山が見えてくる。これが観音山で、山頂には福岳城がある。電波塔を建設する際に発掘調査が行われ、曲輪や堀切が見つかっている。福岳城と鼓ケ岳城、片山城は、秋月氏の家臣・福武美濃《みの》入道が城主であったと伝えられる。

古処山《こしよさん》城（朝倉市秋月野鳥）

観音山を西へ回り込むように進むと秋月の小盆地に辿り着く。観音山が秋月町を隠すように立ちはだかり、貝原益軒《かいばらえきけん》が「あたかも隠れ口の初瀬の如し」と称した地である。江戸時代には秋月黒田藩五万石の城下として繁栄した小京都で、戦国時代も秋月氏の本拠として繁栄した。宣教師ルイス・フロイスもその繁栄振りを『日本史』に書き残している。

現在の秋月町は江戸時代の地割りを反映しているため、秋月氏の居館と伝えられる杉本城など、その場所がわからないものも多いが、恵利内蔵助《えりくらのすけ》の切腹岩や鳴渡《なると》観音、キリシタン橋、秋月氏の菩提寺・大龍寺跡など、中世秋月氏にまつわる史跡は少なからず残っている。

大倉種周「古所山古城并経ケ峯古城之図」（国立公文書館蔵）。山の北側（図左）と南側の経ケ峰（図右）の２カ所に曲輪群が築かれ，畝状空堀群で守られている様子がわかる

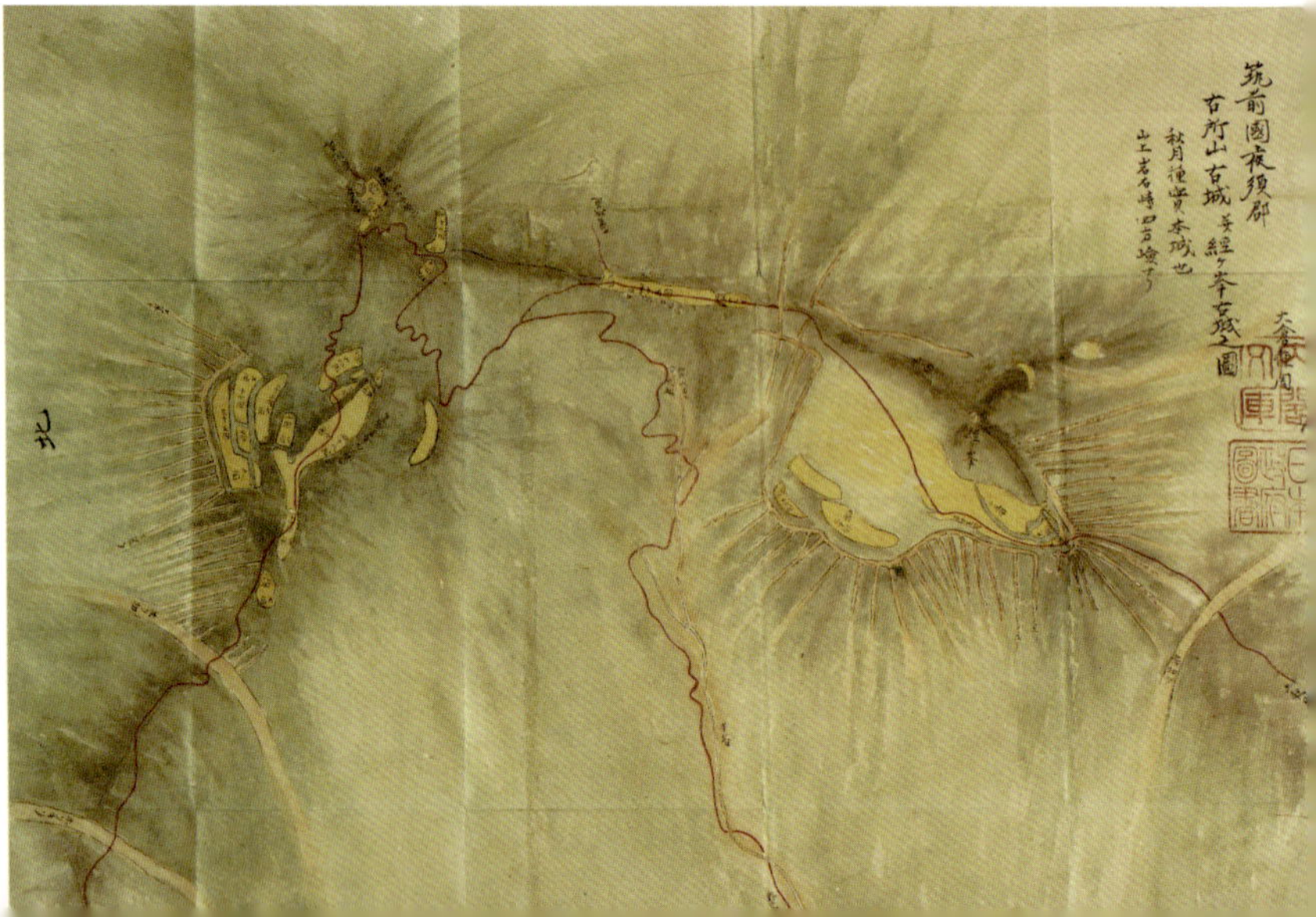

この秋月の小盆地に入る手前から東側を見上げた先に見える高山が古処山（標高八六二ｍ）で、山頂一帯に秋月

氏の本城・古処山城が展開し、そこから秋月の城下へ下りてくる尾根上には砦のような小規模な城郭が点々としている。古処山城を攻め落とそうとすると、途中の城郭を一つひとつ落としていかなくてはならないようになっているのだ。

古処山から山麓にかけて点在する城郭

古処山城は、山頂から南側の頂部・経ケ峰《きょうがみね》に至る南北六〇〇ｍにも及ぶ大規模なもので、山頂の西側の曲輪にはかつて城門があって、その門は現在、秋月城跡に「黒門」として残されている。また、登山道の途中にある「水舟」という水場は一昼夜に千人の兵士の喉を潤したといわれ、現在でも絶えず水が湧いている。山頂から経ケ峰一帯の曲輪群の周囲には多くの畝状空堀群や堀切が構築され、厳重に防備する。

また古処山城からは、秋月から筑後方面のみならず、嘉穂《かほ》を始めとする北の筑豊方面をも見渡すことができる。

秋月氏は秋月の他、筑豊盆地の西側を広く領有し、筑前の東南側一帯を支配していた。支配領域の全体を見渡すには、古処山城は格好の場所だったのであろう。

荒平《あらひら》城（朝倉市秋月野鳥）

古処山はそのような好立地にあったが、秋月町からは約五kmも離れていたため、立て籠もるには都合はいいが、常時の住まいとするにはやや不便だったのであろう。秋月町の北側、荒平山（標高二一八ｍ）山頂に荒平城を築いて日常時の山城（里城）としていた。秋月町の北にある大涼寺《だいりょう》、長生寺《ちょうせい》の裏山一帯がすべて荒平城になっており、尾根上にいくつもの曲輪、堀切、土塁、畝状空堀群が残されている。

この荒平城は国道三二二号線バイパス建設の際に一部発掘調査がなされており、礎石建物も見つかっている。

＊

鎌倉時代以来、秋月を本拠とした秋月氏も、天正十五（一五八七）年の豊臣秀吉の九州征伐によって、日向財部《たからべ》三万石に移封され、五百年近くにもわたった秋月支配に終止符を打った。今はこれらの古城跡が往時を物語るのみである。

［岡寺］

豊前を仮想敵国とした防衛拠点

筑前六端城《ちくぜんろくはじょう》

アクセス 【若松城（消滅）】JR鹿児島本線戸畑駅もしくはJR筑豊本線若松駅下車（洞海湾内）／【黒崎城】JR鹿児島本線黒崎駅から徒歩20分／【鷹取城】JR筑豊本線直方駅から西鉄バスで内ケ磯下車、徒歩90分／【益富城】JR筑豊本線飯塚駅から西鉄バスで中益下車、徒歩30分／【松尾城】JR日田彦山線大行司駅から西鉄バスで小石原下車、もしくはJR日田彦山線彦山駅からタクシーで約15分。麓から徒歩20分／【麻氏良城】甘木鉄道甘木駅下車、朝倉総合庁舎入口から西鉄バスで志波下車、徒歩45分

慶長五（一六〇〇）年、関ケ原の戦いで東軍についた黒田長政は、その翌年、豊前中津から、筑前福岡五十二万石を拝領し、福岡城を本城として大規模な近世城郭を構築する。そして、地域支配の拠点として、主に豊前との国境付近を中心に六つの支城を構築する。これがいわゆる「筑前六端城」である。

共通する特徴としては、麻氏良《まてら》城を除き、豊前との国境に立地していること、黒崎城を除き、基本的に中世山城を利用しているが、いずれも六端城となったことを契機に、高石垣・枡形虎口《ますがたこぐち》など織豊《しょくほう》系の高度な築城技術により大改修されていること、元和の一国一城令により廃城となっていることが挙げられる。

若松《わかまつ》城（北九州市若松区）

最も北に築かれた若松城は、洞海湾《どうかい》の入口付近の中島という小島に築城されていたようであるが、明治十四（一八八一）年の洞海湾改修工事により削平され、現在では正確な位置すらもよくわからない。城主は舟手衆であった三宅三太夫が二七五〇石で入城した。この城は豊前との国境である若松口の海上警備と洞海湾内への船の侵入・往来の監視が主な任務であった。

なお、元和の一国一城令により廃城

黒崎城の本丸東南石垣（北九州市教育委員会提供）

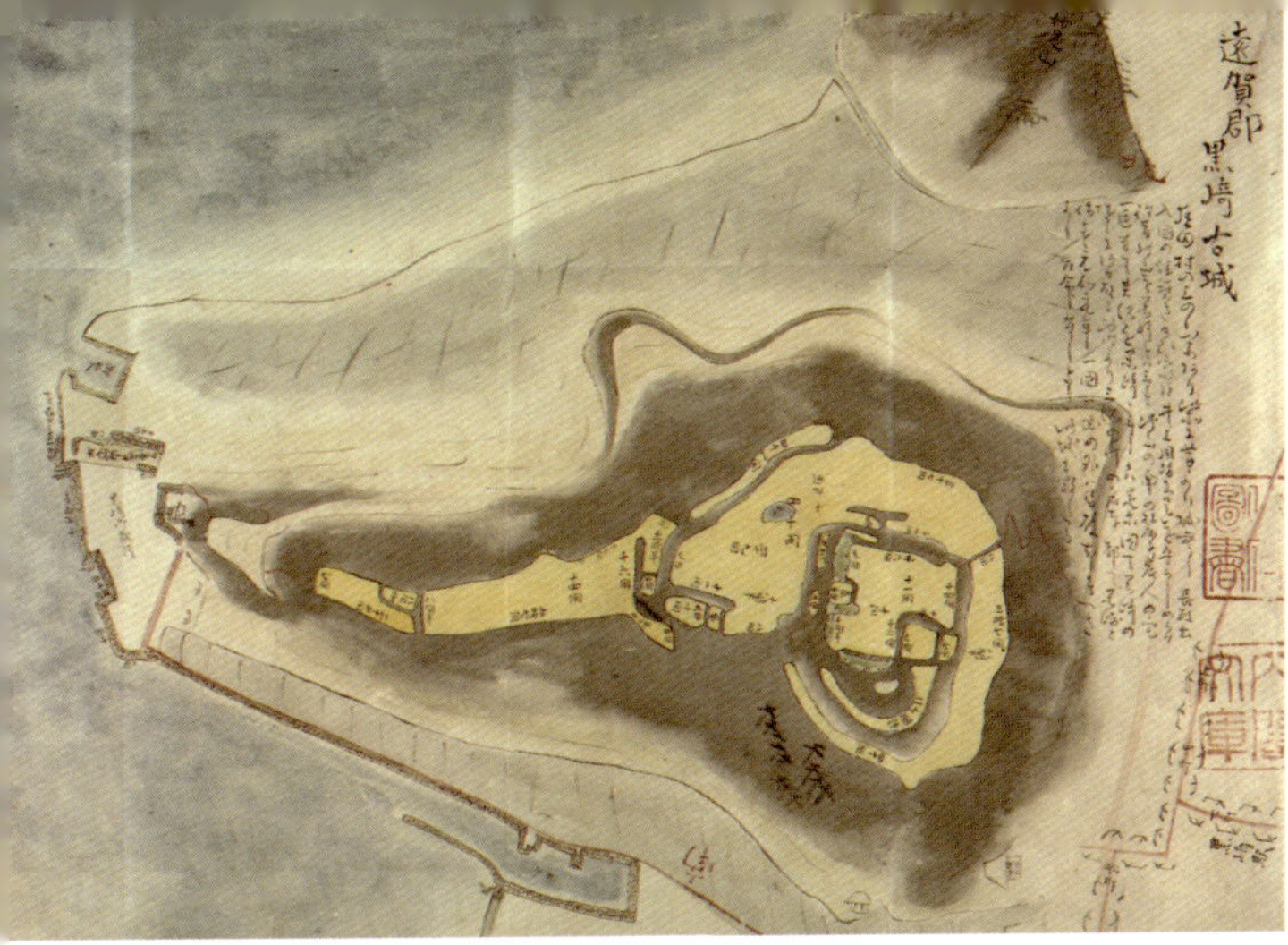

上：大倉種周「黒崎古城図」（国立公文書館蔵）。道伯山一帯に曲輪群が展開し，麓の海辺に舟入があった様子がわかる
下：鷹取城があった鷹取山の山頂

後も、城主の三宅三太夫は若松口の押さえとして当地に残ったという。

黒崎《くろさき》城（北九州市八幡東区屋敷）

洞海湾に突き出した道伯《どうはく》山山頂（標高六二m）に築城され、城主には井上之房《ゆきふさ》が一万七千石で入城した。元禄（一六八八－一七〇四）・元文（一七三六－四一）年間の洞海湾の開削によって、石垣の多くは転用された。そのため、城の縄張り自体は現地に残されていないが、古絵図によると、主郭を帯《おび》曲輪《くるわ》が取り囲み、北側の尾根に沿って二段の曲輪が並び、主郭などには内枡《うちます》形《がた》の虎口が設けられていた。現在の道伯山には往時の石垣遺構が部分的に残されている。また近年の発掘によって石垣遺構も検出され始めている。

鷹取《たかとり》城（直方市頓野、田川郡福智町上野）

直方《のおがた》市と田川郡福智町との境にある鷹取山山頂（標高六三三m）に位置する。戦国時代末期以来の城郭として知られ、主郭の周囲には約二十本の畝状空堀群《うねじょうからぼりぐん》が掘られ、往時を偲ばせる。城主は「黒田節」で知られる重臣・母里太兵衛《もりたへえ》が入城、その後、手塚光重が置かれている。

現在、主郭及びその周囲の帯曲輪一帯はすべて石垣によって囲まれ、主郭の大きさに比して非常に大型の枡形虎口が築かれていたことがわかっている。また、発掘調査により礎石建物跡と大量の瓦が出土し、総瓦葺きの礎石建物の存在が確認されている。

益富《ますとみ》城（嘉麻市大隈）

嘉麻《かま》市大隈《おおくま》集落の背後、城山（標高二〇〇m）一帯に位置する。ここは戦国時代末期の国人領主・秋月種実《たねざね》の隠居城として、秋月氏の重要な拠点城郭であった。主郭周辺を始めとして城山一帯に残る畝状空堀群は、秋月氏時代の遺構と考えられる。その後、六端城の一つとして後藤又兵衛が入城し、その後、母里太兵衛が入城した。

主郭一帯に黒田氏時代の縄張り（三カ所の枡形虎口）が確認されている。発掘調査では、黒田氏時代の石垣、枡形虎口や礎石と大量の瓦が出土した。

松尾《まつお》城（朝倉郡東峰村小石原）

東峰《とうほう》村の小石原《こいしわら》集落の北側にある裏山（標高五一三m）山頂に位置する。それまで同地にあった戦国時代の城郭を改修し、六端城の一つとして整備したものである。城主には在地の国人で黒田氏の家臣となった中間六郎右衛門が二五〇〇石で入城した。

城の縄張りは大きく二つの曲輪からなり、その周囲には石垣が巡らされ、曲輪に比して非常に大型の内枡形虎口が造られている。曲輪の周囲には畝状空堀群が見られるが、これもまた戦国時代末期の改修による。発掘調査では、曲輪をほぼ全周する石垣や、曲輪内からは礎石建物跡が出土した。

発掘調査で出土した益富城の礎石（嘉麻市教育委員会提供）

麻氏良《までら》城（朝倉市杷木志波・山田）

筑後川の北岸、麻氏良山（標高二九四m）山頂に位置し、現在、山頂には延喜式内社の麻氏良布《までらふ》神社が鎮座する。かつては秋月氏の杷木《はき》方面の拠点城郭だったが、秀吉の九州平定後、小早川隆景《たかかげ》・秀秋《ひであき》の家臣が在城したという。黒田氏時代には、一万五千石で栗山四郎左衛門が入城した。

現在、神社のある主郭を中心に東西に曲輪が展開し、所々に石垣が残されている。また、横矢《よこや》や枡形虎口などの縄張りも確認でき、発掘調査がなされてはいないが、他の六端城同様、織豊系の築城技術が導入されている。

＊

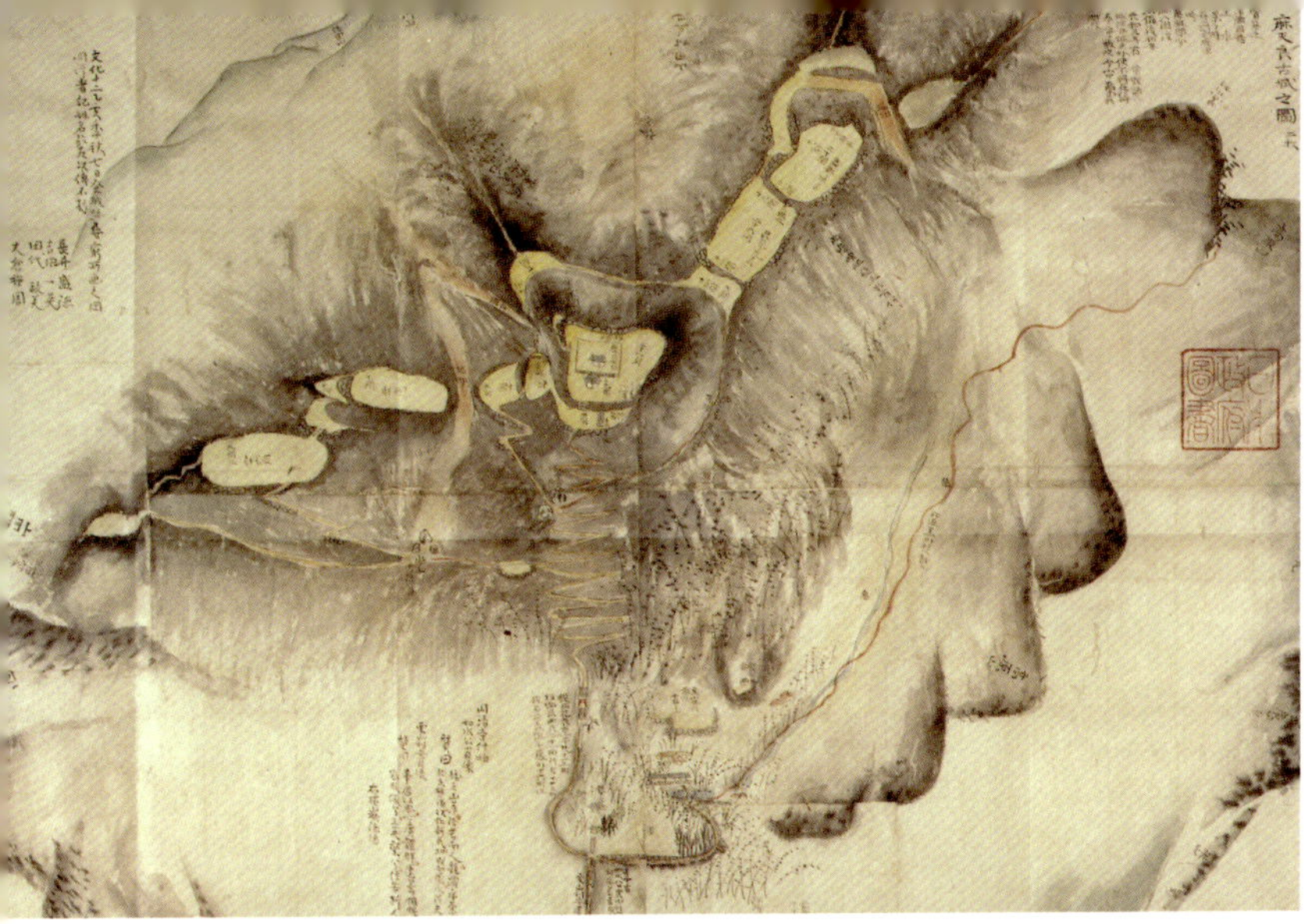

上：大倉種周「麻天良古城之図」（国立公文書館蔵）。それぞれの曲輪に石垣が構築されている様子が描かれている
下：松尾城全景（東峰村教育委員会提供）。整備後の松尾城の様子。石垣・櫓台の他，斜面の堀切や畝状空堀群の様子までよくわかる

六端城の分布は豊前との国境に集中している。これは、筑前に入部したばかりの黒田長政が、豊前に入った細川氏を大変警戒していたことの表れと見てよいであろう。細川氏も豊前入部後には領内にいくつか支城を構え、織豊系の築城技術によって改修を加えているが、それらの分布は領内全体に広がっており、逆に、居城の小倉城を黒田領に接する場所に構えたのと対照的である。

関ケ原の戦いから、大坂の陣、一国一城令までの十五年間は、天下の趨勢が豊臣か徳川かに揺れ動いていた不安定な時期でもあり、全国の大名領内にいくつも山城が構えられた、いわば「築城ラッシュ」の時代であった。

〔岡寺〕

毘沙門岳城・住厭城

びしゃもんだけじょう・すみあきじょう

所在地　久留米市御井町
別　名　【毘沙門岳城】別所城／【住厭城】杉ノ城
アクセス　【毘沙門岳城】西鉄天神大牟田線久留米駅から西鉄バスで御井町下車、徒歩50分。城跡は久留米森林つつじ公園となっている（駐車場あり）／【住厭城】西鉄天神大牟田線久留米駅から西鉄バスで御井町下車、徒歩50分。高良大社の背後に位置する

大友氏と関係を深めた高良社

筑後国一宮の高良《こうら》大社（高良社）周辺にはまとまった形で複数の城郭が分布する。そのうち、主峰の毘沙門岳に築かれたのが毘沙門岳城である。そして、高良大社に連なる尾根上に住厭城が築かれた。

南北朝以来、筑後国の拠点となった高良山では座主《ざす》、大祝《おおはふり》、大宮司といった高良社の諸勢力が分立した。戦国期には筑後国守護の大友氏と関係を深め、永禄十二（一五六九）年の大友宗麟《そうりん》の筑後出兵時には高良山が本陣に用いられた。天正十二（一五八四）年に龍造寺隆信《たかのぶ》敗死を受けて朽網宗歴《くたみそうれき》、戸次《べつき》道雪《どうせつ》ら大友軍が出兵した際も高良山を拠点に戦線を展開した。

両城の相違点と共通点

現在残る高良山の城郭群を見ると、畝状空堀群《うねじょうからぼりぐん》や土塁を積極的に用いるタイプや曲輪《くるわ》を連ねたタイプなどに分かれ、特定の勢力による共通した縄張り技術の規範は見られない。その中で毘沙門岳城と住厭城は近接した位置にあり、自然地形に近く削平の少ない複数の曲輪群の外側を防塁型ラインで一体的に囲い込むことでは共通した縄張りの特徴を示す。しかしながら、前者

毘沙門岳城主要部を囲い込む長大な土塁ラインの一部

は土塁を中心に、後者は横堀と畝状空堀群を積極的に用いるなど、異なる築城技術を使い分けたことがわかる。高良山の城塞群から、戦国後期の高良山では複数の勢力が分立し、横並びに城を構えて割拠した状況が窺える。

毘沙門岳城と住厭城の縄張りを見ると、高良社の東側に連なるピークを押さえるために築かれたものと考えられる。そして各曲輪群を繋ぎ一体的に防御するため防塁型ラインが施されたと見られる。

東側に築かれた毘沙門岳城は、毘沙門岳山頂の主郭から南に伸びる稜線の曲輪群を土塁で囲む。主郭の北側には緩斜面が広がるが、その斜面に畝状空堀群を入れてその前に横堀を構えることで強固な遮断線を構築している。全体的に見て、土塁ラインは東側塁線の方が規模が大きく、東側（城外側）に対する防御を強く意識した縄張りとなっている。

一方、住厭城は、北側斜面に横堀と畝状空堀群を巡らして東西に続く曲輪群を囲い込む。最も高い位置にある西側の曲輪群には横堀に加えて畝状空堀群を配し、東側の曲輪群は横堀を二重に巡らして囲い込むなど、防塁型ラインの技術に使い分けが見られる。

毘沙門岳城や住厭城は、防塁型ラインに対する関心が高い一方で、内側の曲輪は全体に切岸《きりぎし》が弱く削平が甘い。横堀や畝状空堀群などで如何に堅固にして城内に多くの兵力を囲い込むかに高い関心を持った反面、虎口《こぐち》の意識や各曲輪の機能充実に対してあまり関心がなかったことが見て取れる。

なお、住厭城の東側には高良山神籠石《こうごいし》の石垣列が見られる。しかしながら、住厭城の縄張りに組み入れた形跡は見られない。戦国期には既存の神籠石に対する関心が低かったと見られる。［中西］

上：毘沙門岳城の北側を遮断する横堀。つつじ公園から見ることができる
下：住厭城の横堀。左手斜面には畝状空堀群も配され，堅固な防塁型ラインを築く

筑後平野を一望する星野氏の本城

鷹取山城

たかとりやまじょう

所在地　久留米市田主丸町森部、八女市星野
アクセス　JR久大本線田主丸駅から徒歩2時間30分

鷹取山城主郭からの筑後平野の眺め

耳納《みのう》連山最高峰・鷹取山山頂（標高八〇二m）に鷹取山城は位置する。山頂は現在展望所となっており、高所に位置するだけあって、筑後平野はもとより筑前、肥前、豊後の山々が一望の下にできる。この山頂部に主郭が置かれ、四段ほどの土塁で囲まれた曲輪《くるわ》が配置されている。この眺望の他、城の一番の見所といえば、南側斜面に築かれた畝状空堀群《うねじょうからぼりぐん》であろう。所狭しと四十本近く構築されている。

　築城は星野鎮胤《しげたね》（吉実《よしざね》）で、妙見《みょうけん》山城（うきは市吉井町富永）などと共に、国人領主・星野氏の本拠として機能した。

北側の斜面に構築された堀切の遺構

　星野氏は、南北朝時代には筑後星野を拠点にして南朝方として活躍した一族だが、戦国時代には衰退していた。鎮胤は永禄年間（一五五八－七〇）に、この名族・星野氏を再興して、鷹取山城を築城したのである。鎮胤は、秋月氏の配下として筑後はもとより筑前高《たか》鳥居《とりい》城を拠点に広範囲に活躍するが、天正十四（一五八六）年八月、島津勢が筑前立花山城攻めから撤退すると、逆に立花山城主・立花統虎《むねとら》（宗茂《むねしげ》）に高鳥居城を攻められ、福岡市博多区吉塚にて弟・鎮元《しげもと》らと討ち死にしている。

　城のすぐ近くには耳納スカイラインが通っており、自家用車ですぐそばまで行くことができる。［岡寺］

筑後草野の名族・草野氏の居城

発心城《ほっしんじょう》

所在地　久留米市草野町草野、八女市上陽町上横山
アクセス　JR久大本線筑後草野駅から徒歩1時間40分

筑後川南岸、耳納《みのう》山麓に抱かれた久留米市草野は、伝統的な町並みを残す豊後街道の旧宿場町であるが、中世草野氏の城下を発端とする。その草野氏の詰《つめ》の城が発心城である。

耳納連山のうち鷹取山に次ぐ高所、発心岳山頂（標高六九七m）に発心城は位置する。山頂は現在開けており、鷹取山ほどではないにせよ、筑後平野周辺の山々が一望できる。山頂を中心に曲輪《くるわ》群が展開しており、三〇〇m四方の広大な城域の中に堀切《ほりきり》、土塁、竪堀などの防御遺構も確認できる。

築城は天正年間（一五七三－九二）に草野家清《いえきよ》により麓の竹井城から移されたのを契機とする。草野氏は平安時代以来の名族で、戦国時代には大友氏についていたが、大友氏劣勢の状況になると龍造寺氏に寝返った。天正十五年には九州征伐の豊臣秀吉に対して恭順の意を示さず、さらに翌年、一揆の企てありとして、肥後南関《なんかん》で謀殺され、草野一族は発心城と共に滅亡した。

麓の草野氏館跡と伝えられる発心公園の近くには、草野氏に殉じた家臣を弔った地蔵尊が祀られている。

また、この城跡には昭和四十年代にハンググライダー発信基地の建設計画が持ち上がったが、昭和四十八（一九七三）年に県史跡に指定されて保存に至っている。城のすぐ近くには耳納スカイラインが通っており、自家用車でも行くことができる。

［岡寺］

城跡から望む筑後平野。手前には曲輪が広がる様子がわかる

田中氏により近世城郭へと生まれ変わった城

福島城《ふくしまじょう》

所在地　八女市本町
アクセス　ＪＲ鹿児島本線羽犬塚駅から堀川バスで八女学院校前下車すぐ、八女公園内

筑紫広門から田中氏へ

八女市の中心市街である福島は、茶、石灯籠《いしどうろう》、八女人形など特産品の集積地として江戸時代以降に盛んになっていった、白壁の家並みが並ぶ商人町として知られるが、その発端は福島城の築城にあるといっても過言ではない。

豊臣秀吉が天正十五（一五八七）年に行った九州国分けにより、勝尾城にあった筑紫広門は、筑後上妻《こうづま》郡五十三カ村に移封される。そして広門が山下城（八女市立花町）と共に居城としたのが、新規で築城した福島城である。

福島が城下町としてさらに発展を遂げるのは、慶長五（一六〇〇）年の関ケ原の合戦を契機とする。筑紫広門は西軍に与したために改易、代わって柳川三十二万石の領主となった田中吉政の支城として、福島城には吉政の三男・久兵衛康政が三万石で入城する。この時に福島城が大改修されて、近世城郭へと変貌していったのである。

わずかに残る城の面影

城跡は市街地化によって大きく改変を受けており、往時の姿を留めているところはあまり多くないが、絵図や現在の街区などから推測すると、三重の堀で囲み、中心に本丸と二ノ丸を置く、

左：本丸櫓台の跡。高さ５ｍほどの高まりとして残る／右：本丸櫓台跡に建てられた福島城址石碑

往時を偲ばせる水堀の跡。福島八幡宮南東側に残る

いわば惣構《そうがま》えの構造を呈していた。

現在の市役所が二ノ丸跡、その西側の八女公園が本丸跡で、公園内には本丸櫓台《やぐらだい》の高台が残っているが、石垣などは残されていない。三重の堀も、その大半は幅が狭められ、狭い堀割《ほりわり》として姿を残すのみとなっているが、唯一、最も外側の福島八幡宮南東側のみ、幅二〇m以上の水堀状となっており、往時の堀を偲ぶことができる。また、本丸跡では大型の鯱瓦《しゃちほこがわら》が採集されており、瓦を葺いた大型の櫓があったと推測される。

そして、三重堀の最も外側の区画には、南側に迂回するように、東西に往還（街道）が走っており、この往還に沿って町屋が形成された。

慶長十四年、当主・吉政は没したが、家督は康政ではなく弟の忠政が継ぐこととなり、禍根を残すこととなった。それが災いとなり、慶長二十年の大坂夏の陣の際、遅参した忠政を、康政は大坂方に通じていると幕府に告発、忠政自身は咎められなかったが、康政に別家を立てさせるという裁定が下され、康政は福島城を出て筑後生葉《いくは》郡・竹野郡に加え山本郡半郡の三万石を分知された。この事件を契機に福島城は廃城となったものと思われる。

その後、元和六（一六二〇）年に忠政が没し、継嗣なしとされて田中家は改易、康政も所領を没収された。城下としての反映はわずか二十年足らずではあったが、町屋はその後も宿場町・在郷《ざいごう》町として存続し、現在、白壁の家並みは重要伝統的建造物群保存地区となっている。

［岡寺］

本丸跡から出土した鯱瓦
（八女市教育委員会提供）

奥八女の要衝に築かれた山城

猫尾城《ねこおじょう》

所在地　八女市黒木町北木屋
アクセス　JR鹿児島本線羽犬塚駅から堀川バスで黒木中学前下車、徒歩約20分

黒木氏代々の居城

大藤で有名な八女市黒木町の市街地の東側にある城山山頂に位置する。

猫尾城は、治承二（一一七八）年に黒木大蔵《おおくら》大輔《だゆう》 源《みなもとの》 助能《すけよし》が黒木・河崎庄の支配のために築いたのが創始とされる。以後、戦国時代末期までの約四百年間、黒木の地は黒木氏によって支配され、黒木氏も筑後の有力国人として奥八女の地に君臨した。

しかし、天正十二（一五八四）年、大友氏の攻撃により猫尾城は落城、そして天正十五年の九州国分けにより黒木氏は所領没収、黒木氏の黒木支配は終焉を迎える。

その後、筑紫広門の支配を経て、慶長六（一六〇一）年に筑後柳川に入部した田中吉政は、奥八女支配の拠点として猫尾城を支城に取り立てる。家臣の辻勘兵衛が城主となり、田中吉政の指示によって櫓や門が普請されている。そして元和の一国一城令によって廃城となった。

八女全域を一望する要衝

城山山頂には現在、彦山神社の社殿があるが、その周囲の平坦面が本丸跡である。所々に扁平な石を用いた石垣が積まれている状況を見ることができ

左：本丸跡。彦山神社の社殿が建てられている
右：本丸の石垣。明確に隅角が造り出されており，城郭に伴うものであることがわかる

る。

その石垣のいくつかは近世以降の神社に伴うものとも考えられるが、斜面側の石垣の隅の部分を見ると、一定の勾配をもって積まれていて、なおかつ、やや大振りな石で、いわゆる「算木積《さんぎづ》み」によって積まれていることから、慶長年間（一五九六－一六一五）の田中氏時代に築造されたものであることがわかる。

本丸跡から黒木の町並みと矢部川を望む

　山頂の本丸から西側を見ると、矢部川流域の黒木の盆地の町並み、さらには八女の中心市街地まで見晴るかすことができる。一方、東側は奥八女の山々や棚田の田園・山村風景を望むことができる。まさに、奥八女の入口に当たる要衝を押さえる上で重要な場所を占めていたことがわかる。

　さらに本丸の周辺を見ると、背後に大型の堀切《ほりきり》、畝状空堀群《うねじょうからぼりぐん》などの防御遺構が見られ、また西側の尾根上には曲輪《くるわ》が置かれている。これらは黒木氏時代に構築されたものである。

　城下の町屋は、矢部川を挟んで西側、往還（街道）沿いに形成されたものと見られる。猫尾城も福島城同様、江戸時代初期に廃城となっているが、廃城後も町屋は存続し、江戸時代には宿場町・在郷《ざいごう》町となり、奥八女の集積地として機能した。

　なお、猫尾城は、昭和六十三（一九八八）年度から平成二年度にかけて本丸部分の発掘調査が行われ、門跡や櫓《やぐら》台《だい》が見つかっており、福岡県史跡に指定されている。

［岡寺］

猫尾城発掘調査状況（八女市教育委員会提供）。
本丸の調査区からは礎石や土師器が見つかった

クリークで守られた田尻氏の居城

鷹尾城《たかおじょう》

所在地　柳川市大和町鷹ノ尾
アクセス　西鉄天神大牟田線中島駅から徒歩5分

西鉄中島駅の北、鷹尾神社の周辺一帯が城のあった場所とされるが、宅地化や河川改修の影響で明確な構造はわからなくなってしまっている。

神社の東側、矢部川の堤防のたもとは「勢田丸《せたまる》」と呼ばれ、主郭（本丸）があった場所とされるが、現在その痕跡は見当たらない。また、その北側は「築山《つきやま》」と呼ばれ、かつて北ノ丸があった場所というが、現在は城主であった田尻親種《ちかたね》の墓石を残すのみとなっている。城内と思われる各所には水堀状のクリークが巡り、往時を偲ばせる。

また、城内に鎮座していた鷹尾神社は貞観十一（八六九）年創建とされる古社で、瀬高下庄《しものしょう》の鎮守とあがめられてきた。

それに対し、鷹尾城の築城は、戦国時代末期の天文十七（一五四八）年のことである。それまで田尻氏の居城は鷹尾城の南西約五㎞の田尻城（みやま市高田町田尻）にあったが、水の手が損傷したために、田尻親種が大友義鑑《よしあき》に申し出て築いた新城が鷹尾城である。秀吉の九州平定後は立花統虎《むねとら》（宗茂《むねしげ》）、さらには田中吉政の支城となるが、元和元（一六一五）年の一国一城令で廃城となった。

このように、鷹尾城の現状は名城とは言い難い状況ではあるが、城内には名社・鷹尾神社を抱え、周囲一―二㎞には、江浦、堀切《ほりきり》、浜田、津留《つる》の四つの出城を構えていることなどからも、筑後の名族・田尻氏の居城を偲ぶには十分ふさわしいものがあろう。［岡寺］

上：田尻親種の墓石
下：周辺のクリーク。城の堀の名残と見られる

肥後との国境に位置する三池氏の本城

三池山城《みいけやまじょう》

所在地　大牟田市今山、熊本県玉名郡南関町久重
別　名　今山城、舞鶴城
アクセス　JR鹿児島本線・西鉄天神大牟田線大牟田駅から西鉄バスで普光寺下車、徒歩50分

上：城跡から大牟田市街地を望む
左：三つ池。当地の姫君が大蛇に襲われた際，1匹のカニが現れ大蛇を3つに切り，その血が3つの池になったと伝わる

大牟田市街の東、今山の山麓には九州西国観音霊場の札所の一つ普光《ふこう》寺や三池藩墓所・紹《じょう》運《うん》寺などがあるが、その裏山・三池山の北、三池宮が鎮座する場所が三池山城の場所である。

　三池宮には社殿と、三つに切られた大蛇に由来する三つ池（三池の名のもとになったとされる池）などがあるが、そこが城の曲輪《くるわ》である。社殿の奥の曲輪には土塁も見られ、中には石で積まれた痕跡も確認することができる。また、周囲の斜面や尾根には、畝状空堀群《うねじょうからぼりぐん》や堀《ほり》切《きり》が見られ、厳重に防備した様子が窺われる。

　三池山城の城主・三池氏は鎌倉時代から三池南郷の地頭職を務めた家柄で、戦国時代には豊後大友氏の配下について三池郡一帯を治める国人領主となった一族である。

　秀吉の九州平定後は、三池の地一帯は立花統虎《むねとら》（宗茂《むねしげ》）の弟・高橋統増《むねます》が治めるようになり、三池氏当主・鎮実《しげざね》は三潴《みずま》郡に領地を与えられ、立花氏の与力となった。

　城からは、西に大牟田の市街はもとより雲仙から脊振《せふり》、東には肥後南関《なんかん》の地を見渡すことができ、肥後に睨みを利かせつつ、大牟田一帯を支配するにふさわしい立地の城といえよう。

　麓からは小一時間のハイキングにふさわしいコースで、日頃から登山客を見かける場所である。

［岡寺］

広大な平地に築かれた独特の城館

筑後の平地城館《ちくごのへいちじょうかん》

アクセス【津留城】西鉄天神大牟田線中島駅から徒歩20分／【海津城】西鉄天神大牟田線大善寺駅から西鉄バスで古町下車、徒歩10分／【三原城】西鉄甘木線本郷駅から徒歩10分

平地が広大に広がる筑後地域には数多くの平地城館が点在している。

平地に立地するが故にわかりやすいと思われがちな平地城館だが、往々にして後世の改変を受けていることから、別項で紹介している鷹尾城のように、現在ではその場所が不明確な状況となっている城も少なくない。

津留《つる》城（柳川市大和町六合）

そのような中でも、津留城は往時の形態をかなり留めている。津留城は、鷹尾城の四つの出城の一つで、鷹尾城の北約一km地点の西津留集落にある。天正十一（一五八三）年頃の城主は田尻石見守であった。現在、西津留集落の中に一辺一〇〇－一五〇mの方形に区画された堀割《ほりわり》が残り、その内側には「鮎堀《あゆぼり》」と呼ばれる、舟溜まりとも思えるような水堀も見られる。集落の中ほどには城跡の石碑も建てられており、地元住民に知られた存在であることがわかる。

海津《かいづ》城（久留米市安武町住吉）

一方、今となっては往時を窺うことはできなくなってしまったが、発掘調査によって明らかとなった事例もある。海津城は、現在圃場《ほじょう》整備が行われ一面の水田区画であるが、かつてはここに

西津留集落にある津留城趾石碑（下）と，城を取り囲む水堀（左）

国人領主・安武氏の居城・海津城があった。

発掘調査では、クリークで区画された曲輪《くるわ》の中に、掘立柱建物跡四棟、柵《さく》列《れつ》、井戸、土坑《どこう》などが確認され、十六世紀の多量の土師皿《はじざら》・土鍋・鉢・茶釜・火鉢、中国景徳鎮産の磁器染付、石臼、土鈴、泥壁などが出土し、往時の状況を知ることができた。

海津城跡から出土した陶磁器類（久留米市埋蔵文化財センター提供）。中国・明で作られた青磁・白磁・染付や瀬戸・常滑（とこなめ）などの国産陶器

三原《みはら》城（三井郡大刀洗町本郷）

一方、筑後川の北岸の平野地帯にも平地城館は存在する。三原城は、近世の宿場としても知られる本郷宿の中に立地する。現在、宿場の中を通る街道筋に三原城跡の石碑が建てられているが、城跡自体はその南約五〇m地点にある。城は南北約一五〇m、東西八〇mの範囲が空堀によって方形に区画されている。特に隅の部分は内側に直角に屈曲するなど、防御に関する工夫も見られる。近世の宿場町の中にありながら、良好に残されている事例といえよう。

＊

筑後地域は、平野が広く丘陵地があまりないため、クリーク状の水堀を巡らし、敵を寄せ付けないように固く防御することで、山城にも劣らぬ防御性を確保しようとしたのである。筑後の平地城館の実態は、わかっているようで、山城以上にわかっていないことが多い。今後、古地図・古絵図・地籍図などの資料、さらには発掘調査事例ともあわせ、実態を明らかにしていく必要があろう。

[岡寺]

三原城跡遠景（下）。森の部分が城跡で，周囲を囲む空堀（上）が現在も残っている

門司城《もじじょう》

瀬戸内海の出入口・関門海峡を押さえる軍事拠点

所在地　北九州市門司区門司
別　名　亀城
アクセス　平成筑豊鉄道門司港レトロ観光線関門海峡めかり駅から「めかり絶景バス」で和布刈公園山頂下車、古城山山頂へ徒歩10分

交通の要衝を巡る激しい攻防

門司城は関門海峡の中で最も狭い早《はや》鞆《とも》の瀬戸（壇《だん》ノ浦《うら》－和布刈《めかり》間）を臨む古城山（標高一七五ｍ）山頂に築かれた。麓には和布刈神社、甲宗《こうそう》八幡社が営まれた。古代以来、関門海峡に設置された門司関の故地であり、瀬戸内海の出入口である関門海峡を押さえる立地が故に多くの勢力が争奪を繰り返した。

門司城の草創は平知盛《とももり》が紀《き》井《い》通資《みちすけ》に築かせたとする。中世には関東より下向した下総《しもうさ》氏が門司《もんじ》氏を名乗り門司城を含む門司六郷を支配した。南北朝期には門司氏は分裂し、一族は門司六郷に分散した。その後、室町期を通して大内氏が門司氏を被官化し、関門海峡を掌握する。

大内氏が滅亡すると、永禄年間（一五五八－七〇）には九州北部に進出した大友氏と関門海峡を保持する毛利氏の間で門司城の激しい争奪戦が繰り広げられた。最終的には毛利氏は北部九州から撤退したが、門司城と門司六郷は保持し続けた。

天正十四（一五八六）年の豊臣政権による九州征伐では、門司城は緒戦で高橋元種《もとたね》（豊前国規《き》矩《く》・田河郡を支配）が籠もる小倉城を牽制する橋頭堡《きょうとうほ》

左：古城山山頂の東側斜面にわずかに残る石垣／右：主郭の南側に残る石塁。裏込め石も見られる

関門海峡で最も狭い早鞆瀬戸を眺める。海峡の南岸を押さえる要衝だったことがわかる

となり、高橋勢との間で戦闘が行われている。そして、秀吉に先遣隊を命じられた毛利輝元《てるもと》は吉川元春《もとはる》・小早川隆《たか》景《かげ》と共に九月に渡海し、小倉城を落城させた。戦後の九州国分けでは、門司城は高橋領を継承した毛利勝信（森吉《よし》成《なり》、秀吉の吏僚《りりょう》）に与えられる。

関ケ原戦後に入部した細川忠興《ただおき》は支城として整備し、長岡（沼田）勘《か》解由《げゆ》左衛門《ざえもん》延元《のぶもと》を城主とする。細川氏は門司城に関門海峡を押さえる役割を期待したと見られる。実際、入部直後に起こった福岡城主・黒田氏との紛争では、前年の年貢返還を拒む黒田氏に対して、門司城に大阿武《おおあたけ》舟《ぶね》を回送し、黒田氏の上方への年貢輸送を差し押さえる指令が発動されている。関門海峡を押さえる軍事拠点として機能したことが窺える。細川氏支城としての門司城は、元和の一国一城令に伴い破城されたと見られる。

かすかに残る遺構

幕末以降、古城山には海峡警備の砲台が築かれるなど破壊が進み、現在では門司城の遺構はほとんど確認できない。平坦地の連なりから、山頂の主郭と複数の下位曲輪《くるわ》があったことが辛うじて読み取れる程度である。

現況では、主郭の南側に石垣と裏込め石（通水のため石垣の裏に詰める小石）があり、東側斜面に石垣の下層部が残る。石材には面取りされた割石が用いられており、周囲に石垣列が配されたことが推定される。また、これまで表採によりコビキB手法の丸瓦（瓦を型から外す際に鉄線を用いた痕跡を残す丸瓦のこと。文禄・慶長期以降に見られる）などの瓦片が確認されており、瓦葺き建物があったと考えられる。

以上のことから、現存する門司城の遺構は、細川氏時代に海峡を押さえるため山頂を中心に石垣と瓦葺き建物を持つ支城として整備された姿と評価できる。

［中西］

無数の畝状空堀群を持つ大城郭

長野城《ながのじょう》

所在地　北九州市小倉南区長野
アクセス　ＪＲ日豊本線安部山公園駅もしくは小倉駅から西鉄バスで舞ケ丘五丁目下車、長野緑地公園（駐車場あり）経由で林道（車両規制）を通って徒歩約1時間

堅固で大規模な防御施設

　長野城は平尾台から続く山地の先端、標高二三七mに築かれた山城である。北麓には紫《むらさき》川流域の企救《きく》平野が広がり、河口には小倉津が位置する。また、東側の周防《すおう》灘方面には苅田《かんだ》松山城が位置する。現在、麓から城跡へ林道が通る（ただし一般車は通行できない）。

　長野城の縄張りを特徴づけるのは、斜面に隈無く並ぶ大規模な畝状空堀《うねじょうからぼり》群《ぐん》である。城域は最も標高の高い本郭の曲輪《くるわ》群を中心に、北側の谷を囲む形で北東側の二の郭と北西側の三の郭から構成される。そして、各曲輪群を繋ぐように外側の斜面に横堀（一部は犬走り［曲輪に沿って斜面に築かれた平坦地のこと］状の帯曲輪となる）と、無数の畝状空堀群を巡らせる。これにより、城外の緩斜面を徹底的に破壊し敵の侵入を阻害する堅固な防塁型ラインが整備された。

　長野城の縄張りには近隣の戦国期城郭と比べて突出した土木量と技巧的な使いこなしが見られる。長野城と同じく畝状空堀群を積極的に採用する城郭は、豊前・筑前国東部を中心に古処山《こしょさん》城、益富《ますとみ》城や高鳥居《たかとりい》城、香春岳《かわらだけ》城などがある。これらの城郭群は、豊臣政権の九州征伐において対峙した秋月氏系

左：長野城模型（北九州市立自然史・歴史博物館蔵）。当時の戦闘の様子を再現したもの。永禄年間の大友軍による長野攻めでは戦場となったが、天正14年の毛利軍渡海時には小倉落城と共に自落したと見られる／右：長野城の周囲を取り囲む畝状空堀群（北九州市教育委員会提供）

長野緑地公園から長野城跡を望む

勢力（秋月氏、一万田系高橋氏、長野氏）が関与したことで共通する。これらのことに鑑みると、現存の長野城は、豊前国規矩《きく》郡・田河郡を支配した一万田系高橋氏が最終段階で大掛かりな改修を加えたと考えられる。

来るべき戦いに備えて

長野城が史料に現れるのは永禄八（一五六五）年の長野城合戦である。大内氏滅亡後に豊前国の帰属を競った毛利氏と大友氏が前年に和睦し、大友氏側が掃討戦を進めた。大友方佐田氏の軍忠状には「長野筑後守里城」とあり、長野城下で激しい戦闘があったことがわかる。この戦いで降伏した長野筑後守は、永禄十一年の毛利氏の九州再征時に殺害される。一方、大友方に与同した長野弘勝は長野城に近い小三《こみ》ツ岳《つだけ》城に立て籠もるが、毛利氏との戦いで落城する。これにより長野氏は大きな打撃を受け、規矩郡を退去する。

毛利氏が撤退した永禄十三年には、長野氏に代わり宝満《ほうまん》城（御笠《みかさ》郡）主・高橋鑑種《あきたね》が入部する。鑑種は小倉城に入るが、長野城に近い鷲岳《わしだけ》（堀越城・丸ケ口城）に詰《つめ》の城を整備する。天正六（一五七八）年に日向国で大友氏が敗北すると、鑑種と養嗣子の元種は大友氏に反旗を翻し、香春岳城（田河郡）を奪取するなど豊前国北部に勢力を伸ばす。

元種は実家の秋月氏と同盟関係を持ち、天正十四年には共に豊臣政権に敵対する。その際、小倉城の詰の城、かつ香春岳城との繋ぎの城として長野城の整備を行ったと考えられる。同年十月に毛利勢が渡海し、小倉津の戦闘で高橋勢は総崩れになる。元種は香春岳城に退去し抗戦するが、十二月に降伏する。

九州征伐において長野城は大きな戦闘にならなかったが、現存の遺構は、豊臣軍の渡海を目前に、企救平野を一望する要衝の地に、高橋元種が持てる築城技術の粋を尽くして防御施設を築いたことを物語る。

［中西］

周防灘の要衝として最新技術が導入された城

松山城

まつやまじょう

所在地 京都郡苅田町松山
別　名 苅田城
アクセス ＪＲ日豊本線苅田駅から苅田町コミュニティバス「ゆめシャトル」で松山城登山口下車、登山口を通って徒歩30分。登山口に2－3台駐車場あり

激しい争奪の歴史

松山城は周防《すおう》灘に面した城山（標高一二八ｍ）に築かれた山城である。現在では周囲は埋め立てられ陸地化しているが、以前は三方を海に囲まれた半島状の立地であった。また、土取りのため、本城部分の東側斜面や南側の陸繋部を遮断したと見られる土塁ラインなどが消滅している。土塁部分については平成二年に苅田町により発掘調査が行われている。

松山城は国府のあった京都《みやこ》平野の北端に位置し、東側に蓑《みの》島があるなど周防灘沿岸の要衝であった。門司城に続く周防灘沿岸の軍事拠点として、南北朝期には少弐《しょうに》、大友、菊池、大内氏が松山城の争奪戦を繰り返す。室町期以降は大内氏が守護代・杉氏を城督に派遣するが、大内氏が滅亡すると、毛利氏と大友氏の間で激しい争奪戦が繰り広げられた。永禄十三（一五七〇）年に毛利氏が北部九州から撤退した後は、松山城は長野助守《すけもり》（馬ケ岳城主）、高橋元種らが城主となる。天正十五（一五八七）年の豊臣政権による九州国分け後は、豊前国六郡を拝領した黒田孝《よし》高《たか》が松山城を支城として取り立てる。そして関ケ原戦後には廃城になったと見られる。

左：松山城主郭からの出撃を想定した外枡形虎口。現在も石段が残る
右：帯曲輪から見た松山城主郭。切岸は直線的に仕上げられ，隅角部に櫓台が見える

主郭からの周防灘の眺望。対岸は山口県

黒田氏による大規模な改修

松山城の主郭部は黒田氏段階に大規模な改修を受け、随所に織豊《しょくほう》系縄張り技術が見られる。各曲輪《くるわ》の切岸《きりぎし》は横矢《よこや》掛《が》かりを持つ直線的な塁線で仕上げられ、縁辺部には石垣と櫓台《やぐらだい》の石列が確認できる。さらに東西斜面には横堀を巡らし、切岸面と併せて堅固な遮断壁を構築する。主郭を始め各曲輪の虎口《こぐち》には外枡形《そとますがた》虎口が採用された。そして南側には両端を土塁で囲んだ広い溜まりの空間と出撃口が設定された。

木島孝之氏の織豊系城郭の虎口プラン変遷案では、松山城に見られる連続する外枡形虎口を織豊系城郭の発展モデルの一つと評価されている。具体的には、主郭からL字状の石塁が振り出すことで形成される外枡形虎口のL字状の石塁が、さらに前へ振り出すことで通路空間が肥大化し次の曲輪が創出される。このパターンが繰り返されることで城域全体が主郭への強い求心性のもとに再編されるとする。同様の縄張りは熊本城（熊本市）や松坂城（三重県松阪市）などの近世城郭に見られる。

このように、黒田氏段階には最先端の織豊系虎口プランが導入され、周囲も横堀で隔して堅固な防御を施し、主郭を起点に各曲輪の上位関係を明確にするなど、近世城郭としての体裁が整備されたことがわかる。

一方、主郭部の周囲には畝状《うねじょう》空堀《からぼり》群《ぐん》など戦国期の遺構が確認できる。このことから戦国期には山頂に連なる曲輪群と、その周囲に築かれた畝状空堀群から構成されていたと考えられる。

松山城は、文献史料上は戦国期の毛利氏・大友氏間の攻城戦の舞台と評価されてきた。しかしながら、現存遺構から見た場合には、九州国分け後に導入された織豊系縄張り技術が施され、関ケ原以前の段階に整備・改修された事例として評価できる。

［中西］

修験道の霊場に築かれた山城

等覚寺城《とかくじじょう》

所在地　京都郡苅田町山口
別　名　山口城
アクセス　ＪＲ日豊本線小波瀬西工大前駅から苅田町コミュニティバス「ゆめシャトル」で山口入口下車、徒歩45分

上：等覚寺城遠景。中央の頂部が城跡に当たる
左：曲輪の周囲に残る堀切

平尾台の東側中腹の苅田《かんだ》町等覚寺地区には、白山多賀《はくさんたが》神社が鎮座する。この場所は、かつて山岳修験の霊場である英彦山六峰の一つ「普智山《ふちさん》等覚寺」として中世から近世にかけて栄えた一大法域で、現在も春には「等覚寺の松《まつ》会《え》」と呼ばれる修験者による民俗行事が行われている。

平安ー鎌倉時代にかけて「子院三百坊」と称されるほどに栄えた山岳霊場も、戦国時代には城郭として利用された。

等覚寺城は、この白山多賀神社が鎮座する場所にあった。現在の神社境内の平坦面が、かつての曲輪《くるわ》であったと考えられる。この城の最大の特徴は、北側から東側斜面一帯にかけて構築された畝状空堀群《うねじょうからぼりぐん》である。多重の堀切《ほりきり》に加え、四十本近くの竪堀は実に見事である。

この城は、規矩《きく》郡の国人領主・長野氏が、京都《みやこ》郡を支配するための拠点城郭として利用したものと考えられ、永禄ー天正期（一五五八ー九二）にかけ、城郭として機能したものと考えられる。

遅くとも天正十五（一五八七）年の秀吉の九州平定によって廃城となり、江戸時代を通じて、この地は再び修験道の道場としての役割を果たすようになる。主郭があった所には神社の社殿、そして谷を挟んで西側には近世の坊院群跡が残されている。現地へは神社の近くまで自家用車で行くことができる。

［岡寺］

上：馬ケ岳城遠景。右側が主郭（本丸），左側が第２郭（二の丸）
左：斜面に構築された畝状空堀群。奥に壁のように見えるのが土塁

秀吉も逗留した京都郡の拠点城郭

馬ケ岳城《うまがだけじょう》

所在地　行橋市大谷、京都郡みやこ町犀川花熊
アクセス　平成筑豊鉄道田川線豊津駅から徒歩約30分で大谷地区登山口に到着、そこから徒歩約40分

行橋市とみやこ町の境には、国史跡として有名な御所ケ谷神籠石《ごしょがたにこうごいし》があるが、その東側の峰・馬ケ岳（標高二一六ｍ）の山頂に馬ケ岳城は位置する。

平安時代に源経基《つねもと》により築城、その後、源為朝《ためとも》に攻められたり、南北朝時代には南朝方の新田義基《よしもと》が入城するなど華々しい伝承を持つが、史実か否かはよくわからない。

戦国時代になると、周防《すおう》大内氏の豊前の拠点として、頻繁に登場するようになる。弘治三（一五五七）年に大内氏が滅亡すると、宇都宮氏、さらに天正年間（一五七三―九二）には規矩《きく》郡の国人領主・長野助盛《すけもり》の城となった。天正十五（一五八七）年の豊臣秀吉の九州征伐の際には、開城後、秀吉が一日逗留した城でもある。

城の構造は、馬ケ岳山頂部及び東峰部分に曲輪《くるわ》が広く点在し、ここが城の中心部分である。しかし、この城の見所の一つは、北側山麓部分にある。大谷地区登山口から登ると、途中で西側から尾根が合流する。その合流した尾根筋には、土塁・横堀が走り、斜面にはおびただしい数の畝状空堀群《うねじょうからぼりぐん》が確認できる。分岐点には説明板があるため、見逃さずに見ておきたいところである。この防御遺構は九州征伐に備えた長野氏の構築によるものとも考えられる。

［岡寺］

三六〇度の大パノラマ――まさに天空の城

障子岳城《しょうじがたけじょう》

所在地　田川郡香春町採銅所・鏡山、京都郡みやこ町勝山松田
別　名　亀城
アクセス　JR日豊本線行橋駅から太陽交通バス香春町役場行きで新仲哀トンネル下車、徒歩90分。またはJR日田彦山線香春駅下車、西鉄バス新道から小倉駅行きで宮原下車、徒歩2時間

山容、遺構、眺望など多くの見所

田川郡と京都《みやこ》郡の境に聳える障子ケ岳（標高四二七ｍ）の山頂に位置する。かつては山林が生い茂る荒れた山であったが、旧勝山町の有志による「城攻め活動」と呼ばれる奉仕活動により山頂一帯の藪は刈り払われ、登山道が整備され、中世の城郭の典型的な形態を一望することができるようになっている。田川郡側からの山景は薄いが、京都郡側からは山頂一帯が浮かび上がっているように見え、これも往時を偲ばせるには格好の景色となっている。

山頂に登ると、主郭を始めとする曲《くる》輪《わ》が階段状となって尾根伝いに五段連なり、間には堀切《ほりきり》も見ることができる。その長さは二五〇ｍにも及ぶ。また、曲輪の周囲には切り立った崖のような切岸《きりぎし》も視認できる。冬の草枯れの季節には曲輪の縁辺部に土塁が巡っている状況が認められるので、これも一見しておきたいところである。主郭の南側、香春の宮原《かわら》へ下山する途中にも堀切《ほりきり》二本がある。

また奉仕活動の結果、山頂からは四方全体を見晴るかすことができ、東には周防《すおう》灘、馬ケ岳、御所ケ谷《ごしょがたに》、南には大坂山（飯岳《いいだけ》山）、西には香春岳、北には平尾台一帯に山々を展望することができる。

障子ケ岳山頂から周防灘を望む

階段状に連なる曲輪群。上面を平坦に，斜面を急峻に削り落としている様子がよくわかる

中世山城の趣きを濃厚に残す

この障子岳城は、足利尊氏の一族・足利統氏《むねうじ》が南北朝時代に築城したと伝えられ、その後、千葉氏、大内氏と城主は転々とし、大内氏滅亡後の天正年間（一五七三―九二）には大友方にあったと思われるが、天正六年に香春岳城を奪取した高橋鑑種《あきたね》・元種により、障子岳城は京都郡方面を監視するための出城となった。曲輪の周囲に見られる土塁などが構築されたのはこの時期ではないかと考えられている。

天正十四年、高橋元種は島津方として豊臣秀吉と戦い、一度は小倉を明け渡して降伏する。その後、香春岳城で決起したものの、元種の諸城は秀吉麾下の黒田勢・毛利勢により攻略され、その後、九州平定へと繋がっていく。障子岳城もこの時に陥落した。

先に述べた通り、障子岳は山頂一帯や登山道が整備され、紹介した他にも、みやこ町勝山宮原からの登山口があって、周囲から容易に登山できるようになっている。特に自家用車利用の場合は、障子岳の北側にある味見《あじみ》峠の味見桜公園に駐車すれば、そこから尾根伝いの登山約四十分で到着することができ、これが最も平易なコースである。

中世の山城は、主要部分を除いてはほとんどが山林に帰した状況となっているものが多いが、障子岳城は城域のほとんどが顕わとなっており、中世山城をイメージするには格好の名城といえよう。［岡寺］

曲輪群の南側斜面に残る堀切

豊前・筑前の交差点に築かれた強固な山城

香春岳城・鬼ケ城《かわらだけじょう・おにがじょう》

所在地　田川郡香春町香春
別　名　【香春岳城】香春城
アクセス　【鬼ケ城】ＪＲ日田彦山線香春駅から徒歩、香春中学校前の須佐神社から登山道を15分程度。なお香春城は現在セメント鉱山となっているため立入禁止

幾度も激戦の舞台となった地

香春岳城（標高四八六ｍ）は香春岳（一ノ岳・二ノ岳・三ノ岳）に築かれた戦国期城郭である。現在は石灰岩採掘のため一ノ岳の大半は消滅している。一方、鬼ケ城は山腹の出城の一つであり、秋月街道に面した立地にある。

香春岳城は豊筑地域（筑前国東部ー豊前国北部）の内陸部の要衝を押さえるために築かれた。十五世紀後半には大内氏の持城となるが、大内氏滅亡後は毛利氏と大友氏の間で激しい争奪戦が繰り広げられた。永禄十三（一五七〇）年に毛利氏が撤退した後は豊前国田河郡に進出した大友氏の持城となる。

その後、天正六（一五七八）年に豊前国規矩《きく》郡小倉城主の高橋鑑種《あきたね》が香春岳城を奪取する。天正十四年、元種《もとたね》（鑑種の養嗣子）は九州に進発する豊臣軍に対抗し香春岳城に籠城するが、十二月に降伏している。九州国分け後、香春岳城は毛利勝信《よしなり》（森吉成）の持城となる。関ケ原戦後は豊前国に入部した細川忠興《ただおき》が取り立て弟・孝之を支城主とする。そして元和の一国一城令で廃城となる。

調査成果や遺構が語る城の姿

現在は消滅している香春岳城一ノ岳

香春城二ノ岳地区に見られる石塁。曲輪の切岸の代わりに石灰岩を積み上げて稜線を遮断する

かつて一ノ岳と二ノ岳の間の稜線にあったタゴ土塁。遠くからでも2本の土塁と畝状空堀群の様子がわかる（香春町教育委員会提供）

については、戦前に編纂された「香春城平面図」(『日本城郭史資料』所収)から、山上に自然地形に近い四段の曲《くる》輪《わ》があったことが確認されている。一方、二ノ岳は香春町教育委員会による調査成果がある。二ノ岳山頂は石灰岩の岩山が露出しているため積極的な削平ができない。その代わりに石灰岩を積んだ石塁で尾根筋を仕切ることで曲輪の切岸《きりぎし》や堀切《ほりきり》の役割を果たす。

一ノ岳と二ノ岳を繋ぐ鞍部には土塁(タゴ土塁)があり、鞍部の両側を畝《うね》状空堀群《じょうからぼりぐん》と土塁を組み合せた防塁型ラインで防御する技巧的な縄張り技術が見られる。一ノ岳と二ノ岳を繋ぎ、城域を一体的に防御することを強く意識した縄張りと評価できる。これらの在地系縄張り技術による技巧的な防塁型ラインは、天正後期に豊筑地域に一大勢力を築いた秋月氏と与同する勢力が拠点城郭に積極的に導入したものである。一万田系高橋氏も同盟勢力として拠点城郭に貪欲に採用していったことがわかる。

なお、北側の広い稜線には土塁の遮断線と数十人規模の駐屯が想定される人枡《ひとます》状遺構(数人が立て籠もる規模の方形に仕切られた土塁囲み)がいくつか見られる。一ノ岳、二ノ岳側へ向かう配置から、これらの遺構は攻囲する豊臣軍の陣城だった可能性が考えられる。

一方、東側山腹にある鬼ケ城は、石灰岩を用いた石垣で固めた塁線に横矢《よこや》掛《が》かりを配し、櫓台《やぐらだい》や内枡形虎口《うちますがたこぐち》を構えるなど、織豊《しょくほう》系縄張り技術による改修が随所に見られる。また、コビキB類の瓦(瓦を型から外す際に鉄線を用いた痕跡を残す丸瓦のこと。文禄・慶長期以降に見られる)が多数散布するなど、一ノ岳・二ノ岳の一万田系高橋氏の遺構とは異なる様相を見せる。築城技術から細川氏段階の改修の可能性が高い。ただし、一ノ岳山頂には手を加えず、鬼ケ城の整備に限定されており、慶長年間(一五九六―一六一五)の本城・支城体制の中で、本城に対して支城の規模や役割に一定の制約があったことが指摘されている。

[中西]

横堀と竪堀が見事に組み合わされた堅城

戸代山城

としろやまじょう

所在地　田川郡赤村内田・赤
別　名　戸城山城
アクセス　平成筑豊鉄道田川線柚須原駅から徒歩約50分

敵の侵入を防ぐ厳重な防備体制

筑豊地域と京築《けいちく》地域を往来するルートは味見《あじみ》峠、仲哀《ちゅうあい》峠、飯坂峠、野峠などいくつかの峠越えルートがあるが、田川郡赤《あか》村から京都《みやこ》郡みやこ町へ抜けるルートは、周防《すおう》灘に注ぎ込む今川が流れ、平地沿いに往来が可能な最も容易なルートであり、主要交通路として重要視されてきた。戸代山城はその今川沿いのルートの北に隣接する戸城《としろ》山の山頂（標高三一七m）に位置する。

戸城山山頂は現在アスレチック広場となり、いくつの器具が置かれているが、広場の平坦面を含め、五段ほどの広大な曲輪《くるわ》が並立している。そして、その曲輪群を囲い込むように二重の横堀が巡り、その横堀に直交するように竪堀群が掘られ、堀が迷路状に錯綜して見事に構築されている。

城の虎口《こぐち》は、横堀を途切れさせる形で通行を可能にしているが、その途切れた両側の土塁は高さが三m近くもある巨大なもので、敵方の侵入を厳重に警戒したものである。

このように城の周囲は堀切《ほりきり》、横堀と竪堀が組み合わさり、厳重に防御されている様子を窺い知ることができる。

豊臣軍の侵攻に備えて

戸城山全景（赤村側より）

戸代山城は、南北朝時代の延元四（一三三九）年、南朝方の菊池武重が戸城山に城を築き、嫡男・武光に守らせたのがその始まりとされるが、真偽のほどは定かではないし、現在認められる戸代山城の遺構がそのまま南北朝時代の山城を反映しているとは考え難い。

時代は下り、天文二十二（一五五三）年、宇都宮氏一族の西郷入道の居城となる。宇都宮氏は、築上郡城井に本拠を持つ豊前の国人領主である。恐らく戸代山城の本格的な築城もこの頃であろう。

上：曲輪から京都郡方面の眺め。正面に馬ケ岳が見える
下：曲輪の周囲を巡る横堀

天正七（一五七九）年には、小早川備後守義平《よしひら》が城主であったとされ、義平の死後、馬屋《うまや》原元有《はらもとあり》が城主となる。元有は香春岳《かわらだけ》城に本拠を持っていた高橋元種や、岩石《がんじゃく》城を出城とした筑前の秋月種実《たねざね》・種長（高橋元種の兄）の勢力下にあったと考えられる。

しかし、天正十五年三月、豊臣秀吉の九州征伐に際し、黒田孝高《よしたか》が戸代山一帯に侵攻した。元有は高橋・秋月方を離れて降伏を申し出るが許されず、自害した。その直後、豊臣方の岩石城攻撃の際に、秀吉は戸代山城において観戦したとされるが、史実か否かは不明である。

戸代山城に築かれたおびただしい横堀と竪堀による厳重な防御の様子は、まさしく豊臣秀吉侵攻直前の緊張状態を表しているのであろう。

［岡寺］

険しい岩山に築かれた巨大な城郭

岩石城《がんじゃくじょう》

所在地　田川郡添田町添田、赤村赤
アクセス　JR日田彦山線添田駅から徒歩約1時間20分

豊臣軍の前に一日で落城

彦山川上流、添田町《そえだ》と赤《あか》村の境に聳える岩石山（標高四五四ｍ）山頂を中心に、全長五〇〇ｍにも及ぶ巨大な城郭・岩石城が残されている。

添田町側の添田公園から登山道を登っていくと、白山宮に辿り着く。ここからが城の内部となり、いくつもの曲《くる》輪《わ》が展開している。その曲輪群を越えてさらに進むと、道の脇に岩盤をくり抜いた痕跡をいくつも見ることができる。かつては柱を立てた塀のような構造物があったのであろう。そして山頂一帯が城の中心、主郭である。

岩石城は平安時代、平清盛が築城したという言い伝えもあるが、現在の姿を形作ったのは戦国時代末期、筑前の秋月氏の筑豊方面の拠点的な出城として利用された時以降であろう。

天正十五（一五八七）年、島津方となっていた秋月氏は、ここ岩石城にて豊臣秀吉の大軍を迎え撃った。守る兵力は、秋月種実《たねざね》の家臣・飽田《あくた》悪六兵衛《あくろくべえ》と熊井越中守久重ら三千人を数え、秋月氏の出城としては最大規模を誇る守備であった。しかし、豊臣の大軍の前に四月一日、たった一日の攻撃により脆くも落城し、これに驚愕した秋月種実は益富《ますとみ》城（嘉麻《かま》市）を捨てて古処山《こしょさん》

左：登山口のそえだジョイの横に立つ岩石城武将の碑。豊臣方の猛攻を受けて戦死した秋月方の芥田悪六兵衛と熊井越中守久重の墓碑／右：本丸下の岩盤に掘られた柱穴。全部で10個ほど確認できる

上：梵字岩からの眺め。正面に香春岳が見える
下：本丸跡の曲輪。右奥の窪みは内枡形の虎口

城に退却、本格的に戦闘を行う前に剃髪して、茶入れの名器「楢柴《ならしば》」を秀吉に献上して恭順の意を示し、一命を許された。種実・種長親子が降伏した場所が嘉麻市に残されており、「降参畑」と名づけられているという。

細川氏の支城として大改修

その後、小倉城に入った毛利勝信（森吉成《よしなり》）、さらには関ケ原の戦い後に豊前中津城に入った細川忠興《ただおき》によって支城に取り立てられ、さらなる改修が加えられることとなる。

山頂部の主郭周囲には石材が多く散乱しており、また一部には石垣も残されている。主郭に入る所は内枡形《うちますがた》の虎《こ》口《ぐち》となっており、これらの遺構は細川氏時代に、織豊《しょくほう》系城郭の築城技術によって構築されたものである。曲輪は総石垣で固められ、その上には瓦葺きの塀・櫓《やぐら》が建てられていた。

そして城の東側には大規模な堀切《ほりきり》や井戸など見所は満載である。北東側の尾根筋には赤村側へと下山する道が通じているが、尾根上には花崗《かこう》岩の巨岩・国見岩、梵字《ぼんじ》岩（獅子岩）、大蛇岩、八畳《はちじょう》岩が並んでおり、ここから眺める筑豊盆地の景観がまた素晴らしい。

このように豊臣秀吉の九州征伐、さらには細川氏豊前統治時代の支城としての歴史を誇る岩石城も、元和の一国一城令をもって廃城となった。［岡寺］

見事な石垣を持つ県境の要害

雁股城《かりまたじょう》

所在地　築上郡上毛町西友枝、豊前市上川底、大分県中津市津民
アクセス　ＪＲ日豊本線中津駅北口から築上東部乗合タクシーに乗車、大平支所前で上毛町コミュニティバス西友枝線（月水金のみ運行）に乗り換え、終点・大入橋下車、徒歩約45分で雁股峠に到着。ここから九州自然歩道を徒歩約60分。雁股峠（福岡県側）までは自動車通行可（駐車可）。ただし峠のトンネルは自動車通行不可

豊前市・上毛《こうげ》町の最南端、大分県中津市との県境は、英彦《ひこ》山・犬ケ岳・大平山へと続く高い峰をなしている。その峰の一つ雁股山（標高八〇七m）は、その名の通り東西二つの峰からなり、雁股城は西側の峰に位置する。

上：雁股山（中央）／下：西側斜面の見事な石垣。２段合わせれば人の背を超える高さとなる

雁股城は大友配下の畑山氏の居城であったが、後に長岩城（大分県中津市）城主・野仲鎮兼《しげかね》の出城として家臣の友枝隼人佐《はやとのすけ》・大膳丞《だいぜんのじょう》が入城する。大膳丞は天正十五（一五八七）年、上毛郡一揆勢として上毛町唐原《とうばる》の観音原（桑野原）で豊臣方の黒田軍と戦って戦死、翌十六年四月に雁股城は長岩城と共に落城し、以後廃城となった。落城時の雁股城主は野仲鎮兼の弟・兵庫助であったと伝えられる。

城の構造は、頂部は自然石が散在し、自然地形を呈するが、その南北に曲輪《くるわ》群が構築されている。この城の見所は、石垣である。一番南側の曲輪の縁辺部にも石垣が残るが、圧巻はそこから西側に、斜面を下るように築かれた石垣である。曲輪に近い部分はほとんど崩れてしまっているが、下方は石垣が二段に積まれ、高さ二m近くにまで及ぶ箇所もある。小型の平石を積み重ねていて、伝承では、かつてこの石垣に「銃眼」の穴があったと伝えるが、現在は残っていない。しかし、本城の長岩城にそれと思われるものが残されており、参考例となる。

斜面の石垣は足場が非常に悪く、石垣自体も不安定になっており崩落の危険性もあるため、登山道辺りからやや遠目に見学していただきたい。［岡寺］

豊前の大半を治めた戦国領主の拠点

宇都宮氏の城館《うつのみやしのじょうかん》

アクセス【神楽城】ＪＲ日豊本線行橋駅から太陽交通バスで木井馬場下車、徒歩40分／【広幡山城】ＪＲ日豊本線椎田駅から築上町コミュニティバスで葛城小下車、徒歩約15分／【高畑城】ＪＲ日豊本線椎田駅から太陽交通バスで松丸下車、徒歩5分／【城井郷城】ＪＲ日豊本線椎田駅から太陽交通バスで上寒田下車、徒歩約1時間

神楽城跡がある城山

豊前宇都宮氏は、平家滅亡に伴い文治二（一一八六）年に豊前地頭職に任ぜられたのがおこりである。初代信房《のぶふさ》は城井《きい》郷（みやこ町木井馬場）を本拠とし、神楽城を本城に城井氏を称するようになった。

神楽《かぐら》城（京都郡みやこ町木井馬場）

木井神社背後にある城山（標高二七二m）山頂に位置する。山頂に主郭を置き、階段状に何段か曲輪《くるわ》を連ね、曲輪と曲輪との間には堀切《ほりきり》を設け、曲輪の周囲には約三十五本の畝状空堀群《うねじょうからぼりぐん》を構築して厳重に防備する。

神楽城は信房が築いた後、数代にわたり宇都宮氏の本城であったが、その後、東側の谷に当たる城井谷の本庄（築上町本庄）に本拠を移したために宇都宮氏の出城となった。防御遺構の様相などから、宇都宮氏滅亡直前まで重要な城郭として機能したものと見られる。

＊

本庄に移った宇都宮氏は、本庄城や小川内《おごうち》城など、城井谷一帯にいくつも山城を築いて本拠とした。そして、谷の入口にも、防衛の前線基地として赤《あか》幡《はた》城（築上町赤幡）や広幡山城を構築した。

広幡山《ひろはたやま》城（築上郡築上町水原）

城井谷の入口に築かれた広幡山城は、椎田《しいだ》道路建設に伴い、そのほとんどが消滅する前に、全面的な発掘調査が行われた数少ない事例である。発掘調査によって、横堀や土塁で囲まれた曲輪や屈曲を持つ櫓台《やぐらだい》などが見つかり、中世山城の実態を知ることのできる重要な事例となった。

発掘調査時の広幡山城。上は全景で奥に周防灘が見える。下は発掘された横堀（いずれも九州歴史資料館提供）

高畑《たかはた》城（築上郡築上町松丸）

高畑城は、本庄に本拠を移した頃の宇都宮氏の居館として発掘調査されている。高畑城は城井谷中ほどにある松丸の平野の小高い丘陵上に築かれた、一辺約一〇〇mもの巨大な方形居館である。周囲には横堀や土塁が巡り、内部からは掘立柱建物が多く見つかっている。年代は出土遺物が非常に乏しいために決め手を欠くが、十五―十六世紀と見られる。

＊

戦国時代には、大内氏さらには大友氏に従って、豊前中部における地位を

高畑城跡（宇都宮氏館跡）全景（築上町教育委員会提供）。木に囲まれた範囲が宇都宮氏の館跡に当たる

確立していった宇都宮氏であるが、天正年間（一五七三－九二）に入り鎮房《しげふさ》の代になると、大友氏に代わり島津氏が徐々に勢力を拡大していく。天正十三年には秋月氏らと共に島津方に付き、翌年には筑前岩屋城を攻撃したりもするが、豊臣勢の圧倒的な兵力の前に降伏、秀吉に伊予国転封を命ぜられるも固辞し、天正十五年に豊前国人一揆を起こす。その後和睦するも、鎮房は中津城で、息子・朝房《ともふさ》も肥後にてそれぞれ謀殺、宇都宮氏四百年の歴史に幕を閉じることとなった。

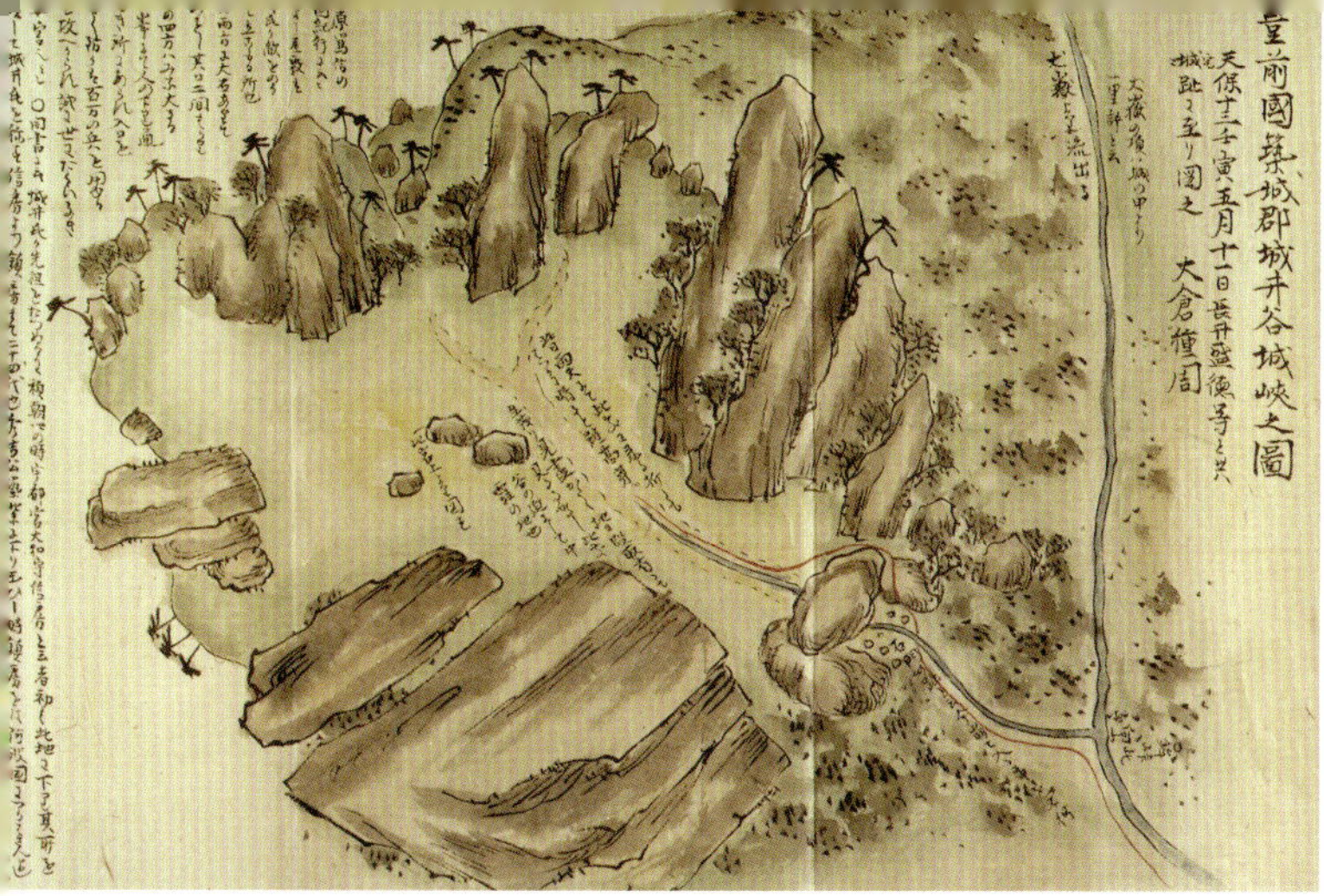

上：大倉種周「城井谷城峡之図」（国立公文書館蔵）。城井郷城を描く。岩山に囲まれた様子がわかる
下：巨岩の隙間を利用した城井郷城の大手門（築上町教育委員会提供）

城井郷《きいのこ》（城井ノ上）城　（築上郡築上町寒田）

最後に紹介するのは、「城井谷の最後の砦」と称される城井郷城である。城井谷の最奥部、牧ノ原キャンプ場の五〇〇m南に三張弓岩《さんちょうゆみ》という屹立した岩が聳えている。そのさらに奥に「城井郷城の大手門」と称される、自然石の間を抜ける入口が残っている。

この城は、一般的な中世山城とは全く異なり、岩によってふさがれた狭い谷の奥に城域を設けたもので、まさに最後の砦として立て籠もるのにふさわしい形容をなしている。黒田勢が宇都宮討伐のために城井谷を攻撃した際にも、ここに立て籠もって、頑強に抵抗したといわれる。

江戸時代の絵図には、宇都宮氏の詰《つめ》の城として認識されているが、戦国時代の史料にはここが宇都宮氏の城郭であるという証拠は見当たらない。構造が一般的な城郭とは全く異なることから、宇都宮氏関連の城郭としては否定的な意見もあるが、怨霊伝説でも名高い宇都宮氏最期の戦いに思いを馳せるには十分な場所なのではなかろうか。　［岡寺］

近世の城

福岡城・多聞櫓（木下陽一氏撮影）

陸海の交通の要衝を制する一大軍事拠点

小倉城

こくらじょう

所在地　北九州市小倉北区城内
別　名　勝山城、指月城、勝野城、湧金城
アクセス　JR小倉駅より徒歩15分。または小倉駅より西鉄バスで室町・リバーウォーク下車、徒歩5分

小倉城の始まり

小倉城は豊前国規矩《きく》郡小倉津に築かれた。小倉津は関門海峡の西側の入口に当たり、紫《むらさき》川や板櫃《いたびつ》川河口が停泊地として利用されたと見られる。九州への上陸地点であると共に、小倉鋳《い》物《も》師《じ》など鋳造生産が盛んな地であった。城は紫川と板櫃川に挟まれた勝山丘陵の先端に築かれた。

地誌類や伝承では、小倉城は鎌倉時代に築かれたとされる。しかし、実際に史料に登場するのは毛利氏と大友氏が激しく争った永禄年間（一五五八―七〇）である。「宗像大社第一宮御宝殿置札」には、永禄十二年に毛利氏が九州渡海の通路となる小倉津に平城を構えて南条勘兵衛を在城させたとある。両者の抗争は、最終的には毛利勢が撤退し、宝満《ほうまん》城（御笠《みかさ》郡）で抗戦した毛利方の高橋鑑種《あきたね》が規矩郡（毛利氏が支配した門司六郷を除く）に入部することで決着を見る。

永禄十三年の吉川元春書状には「高橋足弱近日鷲嶽罷越候哉」とあり、高橋鑑種の親族・郎党が当初は鷲岳《わしだけ》に入ったことがわかる。鷲岳は紫川上流に比定されており、現地には堀越城・丸ケ口城がある。一方、天正三（一五七五）年に伊勢参宮の途上で規矩郡を通過した島津家久は、「こくらの町ニ着、高橋殿の館一見し、それより舟おしいたし」と、小倉津に高橋氏の居館があったことを記す。これらの点を勘案すると、高橋氏時代には紫川上流の堀越城・丸ケ口城を詰《つめ》の城として、河口の小倉津にある小倉城（高橋殿の館）を居城として併用したと考えられる。

細川忠興の大改修、そして焼失

天正六年に大友氏が高城《たかじょう》・耳川《みみかわ》合戦で島津氏に敗北すると、鑑種は毛利氏に通じて自立し田河郡に進出、香春岳《かわらだけ》城を奪取する。直後に鑑種は死没するが、養嗣子の元種は実家の秋月種実《たねざね》と同盟関係を保ち豊筑地域（筑前国東部―豊前国北部）を席巻する。

天正十四年には、高橋元種は秋月種実と共に、九州出兵を図る豊臣政権に敵対する。豊臣政権との対決では、小倉城は先遣隊の毛利勢を迎え撃つ最前線を担った。しかしながら、十月に毛

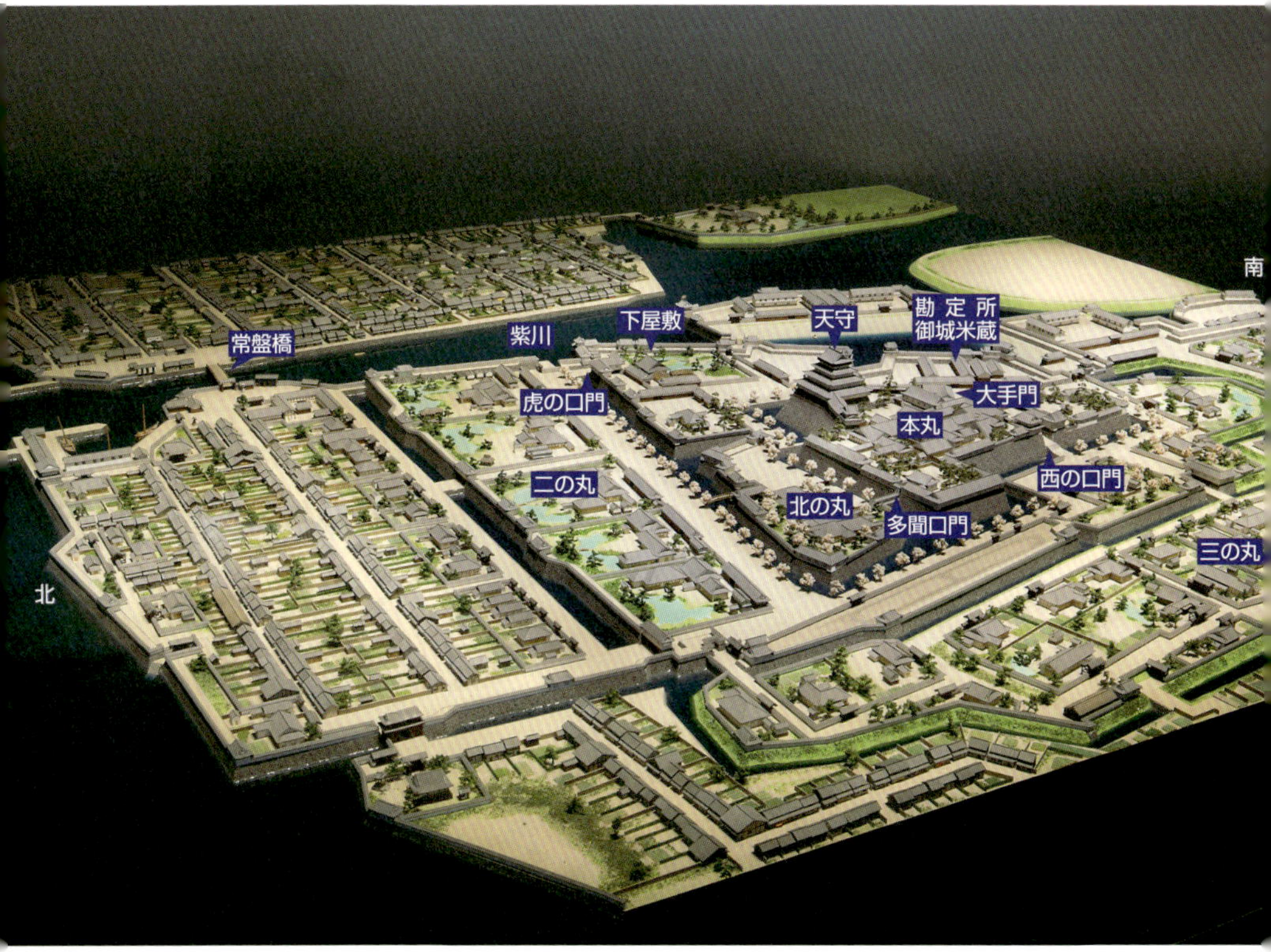

小倉城・城下復元模型（北九州市立自然史・歴史博物館蔵）。小倉城は関門海峡の入口を押さえる位置にある。細川忠興は紫川河口を造成し，本丸を中心に求心的な曲輪配置と当時最新鋭の縄張りを持つ城郭を整備した。海岸部にも石垣を築き舟溜まりを備えるなど，海に面した軍事要塞でもあった

利・吉川・小早川勢が一斉に渡海すると緒戦で落城し、元種は香春岳城に撤退して籠城する。十二月に元種は豊臣軍に降伏し、その後の九州国分けでは日向国に国替えとなる。代わって豊前国規矩郡・田河郡には豊臣秀吉の吏僚《りりょう》である毛利勝信（森吉成《よしなり》）が入部し、小倉城を居城とする。

慶長五（一六〇〇）年の関ケ原戦では西軍についた毛利勝信は没落し、代わって丹後宮津から細川忠興《ただおき》が豊前国と豊後国国東《くにさき》郡に加増転封される。忠興は当初は中津城を居城とし、小倉城には弟の興元《おきもと》を入れて支城主とした。しかし興元が出奔したため、忠興は慶長七年に小倉城に移り、本格的な近世城郭として大改修を施した。

細川氏の肥後国転封後は小笠原氏が小倉城主となる。その後、幕末の長州戦争で長州藩に敗れた際、小笠原氏は小倉城を自焼し、主要建造物は灰燼《かいじん》と帰した。

近代には堀の埋め立てや鎮台・砲兵工廠《こうしょう》の敷地として大きく改変された。戦後も市庁舎建設や周囲の再開発で大きく改変を受け、幾度か発掘調査が行われている。今日では主郭部と周囲の曲輪《くるわ》・堀跡が残る。

層塔型天守に破風を加えた復元天守

現在の小倉城は細川氏による大改修を経た姿である。忠興は毛利（森）氏の城郭に土盛りと高石垣を施し、徹底的な改修を加えている。正保年間（一六四四－四八）に作成された「豊前国小倉城絵図」を見ると、天守の他、城内に平櫓《ひらやぐら》・二階櫓・門櫓など多くの防御施設が確認できる。さらに、慶長十七年頃に萩藩が作成した「豊前国小倉城図」（山口県文書館蔵）などの絵図から、細川時代の初期にはすでに基本的な縄張りは完成していたことが確認できる。これらの物々しい軍事専用施設に囲まれた中に御殿や政庁、城下町、

小倉城天守（木下陽一氏撮影）。近世小倉城天守は小倉戦争以前の天保８（1837）年に失火で焼失。昭和30年代に復元された天守は，観光面から層塔型天守には本来見られない破風を加えて設計された

舟溜まりなどの居住・政務空間や兵站の仕組みが収容された姿は、幕藩制社会を具現化したものといえる。

なお、二の丸周辺の発掘調査で検出された護岸の石積みや石垣、土塁、空堀は毛利氏や高橋氏段階の遺構という見解がある。しかしながら、検出された石垣の規模や隅角《ぐうかく》部の算《さん》木《ぎ》積《づ》みなどから、これらの遺構は少なくとも毛利（森）氏以後と判断できる。ただし、年代の近い毛利（森）氏段階と細川氏段階の遺構の判別は難しい。それらを勘案すると、大半の石垣は大規模に改変された細川忠興時代の改修の可能性が高いと見られる。

近世小倉城の縄張りを見ると、主郭は一段高い本丸と南側の松の丸から構成される。本丸の北東隅に天守が建てられ、南北からの城道を睨む位置を占める。

現在の復元天守は旧小倉市時代に藤岡通夫が設計し、地元の要望で飾り破《は》風《ふ》がつけられた。実際の天守は層塔《そうとう》型の天守であり、そうした復元が実施されていたなら全国的に数少ない層塔型天守が見られたと思われる。なお、細川忠興は森忠政と親交が深く、細川九《く》曜《よう》紋の南蛮鐘が掛っていた津山城（岡山県津山市）天守は、小倉城天守を参考にしたとする伝承がある。

最先端の技術が詰まった縄張り

小倉城の縄張りは、一見すると曲輪と水堀が入り組んだ複雑なプランに映る。しかし、原理的には本丸から城下まで一つの原理を繰り返すことで、主郭に対して求心的な曲輪配置を創出したことで知られる。

具体的には、本丸を起点として、左

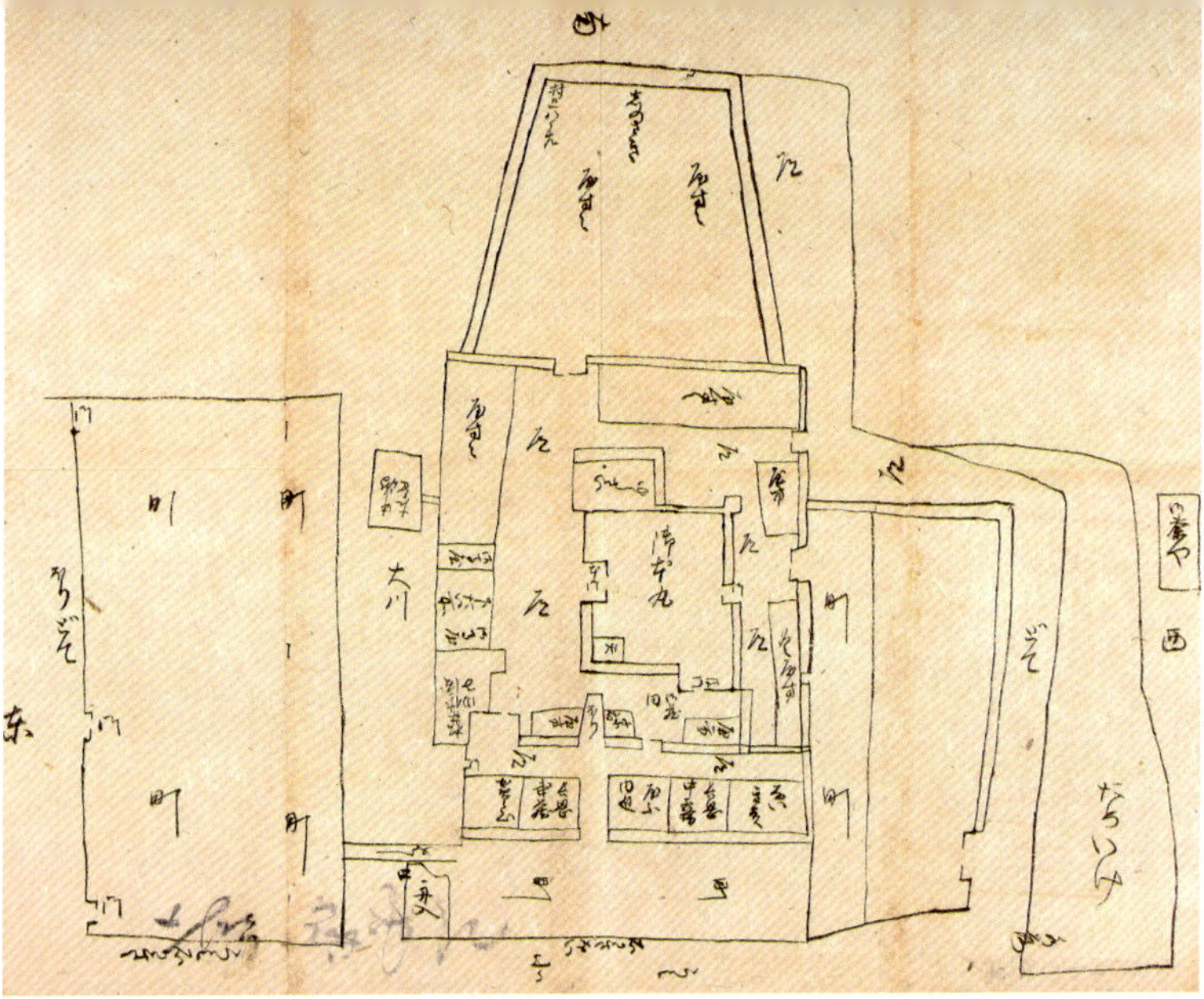

「豊前国小倉城図」（山口県文書館蔵）。毛利家から隣国の情報収集の一環として調査させた小倉城の見取図。屋敷配置から慶長17年頃の小倉城を描いたものと見られる。築城当初から縄張りの原型がすでに完成していたことがわかる

右に振り分けた大手門・西の口門、北東側の多聞口門《たもんぐち》には、土橋を伴った「馬出し」と呼ばれる虎口《こぐち》が採用された。馬出しは主に土塁や横堀で周囲を隔てた城郭に用いられた虎口プランである。土橋の通路の先に防御の足場となる溜まり空間を配する。岩崎城（愛知県日進市）や聚楽第《じゅらくだい》（京都市）、広島城（広島市）などの平城・丘城で多く採用された。ただし、大手門側は、勘定所・御城米蔵部分が馬出しの形状になっているが、大手門との間の空堀は埋められ城道となっている。

大手門（斎藤英章氏撮影）。現在の本丸跡から北九州市役所・議会棟に向けて開かれた大手門。馬出しの通路であるが，内枡形虎口となっている

　小倉城では、本丸の各城門に設定された馬出しのさらに外側に馬出しを重ねる「重ね馬出し」と呼ばれる手法が見られる。本丸の外側の二の丸部分は、本丸の三つの門の馬出しからさらに馬出しを重ねることで、互いに連結し同心円状の曲輪となっている。そして、本来は馬出しの出撃部分となる土橋部分にさらに出入口となる虎口（内枡形《うちますがた》虎口）が設置されるなど、馬出しの機能が形骸化し一般曲輪に変容している。同様の縄張りは三原城（広島県三原市）や福井城（福井市）などに見られる。

　こうした様相は、慶長年間（一五九六―一六一五）に居城の大型化により、虎口の通路空間を専有する馬出しも同じく大型化し、溜まり空間が一般曲輪と同等の機能を果たすようになった「虎口通路空間の一般曲輪化」といわれる現象に起因する。例えば、勘定所・御城米蔵跡（現在の市議会棟）、北の丸（現在の八坂神社）、下屋敷跡（現在の小倉城庭園）などのように、本丸の馬出しは現在の大型施設が丸ごと収まるような規模の曲輪となっている。

　さらに、上記のパターンは外側の三の丸や外郭（室町・京町など）に繰り返された。外側の曲輪になると、もは

や馬出しの形状がわからないまでに大型化している。

その最外郭には土塁・水堀を用いた長大な惣構《そうがま》えが築かれた。惣構えは紫川河口の停泊地と城下を囲む仕切りの役割を果たした。南西側には折れを重ねた塁線が見られる。この惣構えの範囲は今の小倉市街地のほとんどを占める。塁線上には門司口・中津口・香春《かわら》口・若松口・到津《いとうづ》口・高月口・黒崎口などの城門が設定された。

千田嘉博氏や木島孝之氏による織豊《しょくほう》系城郭の変遷モデル案では、小倉城のようなタイプは高度に発達した段階（文禄・慶長期）と位置づける。両氏は枡形虎口の折れと通路空間の形状に着目し、織豊系城郭から近世城郭への変遷過程を模式化した。この発達モデルからは、小倉城や熊本城などが慶長年間に最先端の縄張り技術を貪欲に吸収して創出されたことが見て取れる。同時に、複雑な塁線は省略され、石垣や空堀で強力に遮断された直線的な塁線で仕上げる傾向が強まる。

細川氏は小倉城の改修を通して中世の港津であった小倉津を大きく改変し、当時最先端の築城技術と長大な外郭ラインを用いた軍事拠点を整備した。近年の研究では、そうした築城の背景には、当時険悪な関係にあり国境沿いに支城（黒崎城・若松城・鷹取《たかとり》城）を並べた黒田氏に対して、細川氏側が直接、国境に面した小倉城に本拠を移すことで黒田氏を牽制する狙いがあったとされる。小倉城を始め現在の北九州市周辺に残る近世城郭跡は、慶長初期の二大勢力の緊迫した状況を今日に伝える物証とも評価できる。［中西］

上：虎の口門。下屋敷から二の丸に通じる城門。鏡石が配された主要な城門である
下：多聞口門。本丸跡から現在は八坂神社となっている北の丸に通じる城門。馬出しの通路であるが，櫓台と組み合せた内枡形虎口となっている

名島城《なじまじょう》

所在地　福岡市東区名島
アクセス　西鉄新宮線名島駅より徒歩15分、または西鉄バス名島運動公園前より徒歩5分

水軍を重視した小早川隆景の城

名島城は、貝原益軒《かいばらえきけん》の著した『筑前国続風土記』によれば、初めは立花城主・立花鑑載《あきとし》が築いた立花城の支城であったという。天正十五（一五八七）年五月、島津氏の降伏により豊臣秀吉の九州平定がなり、その後の九州国分けで小早川隆景《たかかげ》は、筑前一国及び筑後国竹野・生葉《いくは》二郡、肥前国基肄《きい》・養父《やぶ》一郡半をあてがわれた。筑前入部当初、隆景は立花城を居城としたが、翌十六年には名島城の普請に取り掛かり、ここを居城とした。

小早川期の名島城を描いた「名嶋古代之図」（福岡市博物館蔵）や「名島古城図」（『筑前国続風土記附録』所収）によれば、名島城は博多湾に浮かぶ丘陵地上に築かれ、西から東へ向かって本丸、長天守、二の丸、三の丸と曲輪《くるわ》が連なっていた。長天守と二の丸の間には堀切《ほりきり》が築かれ、丘陵地の南側には多々良《たたら》川の河口の流れを引き込んだ東西方向の堀が設けられていた。堀の南側には「大名小路」「大名屋敷」とあり、狭小ながらも武家屋敷が広がっていた。

南を除く三方を海に囲まれた要害で、海上交通の便に恵まれた城郭であった名島城は、隆景の領地支配の拠点であるだけでなく、豊臣秀吉の朝鮮出兵

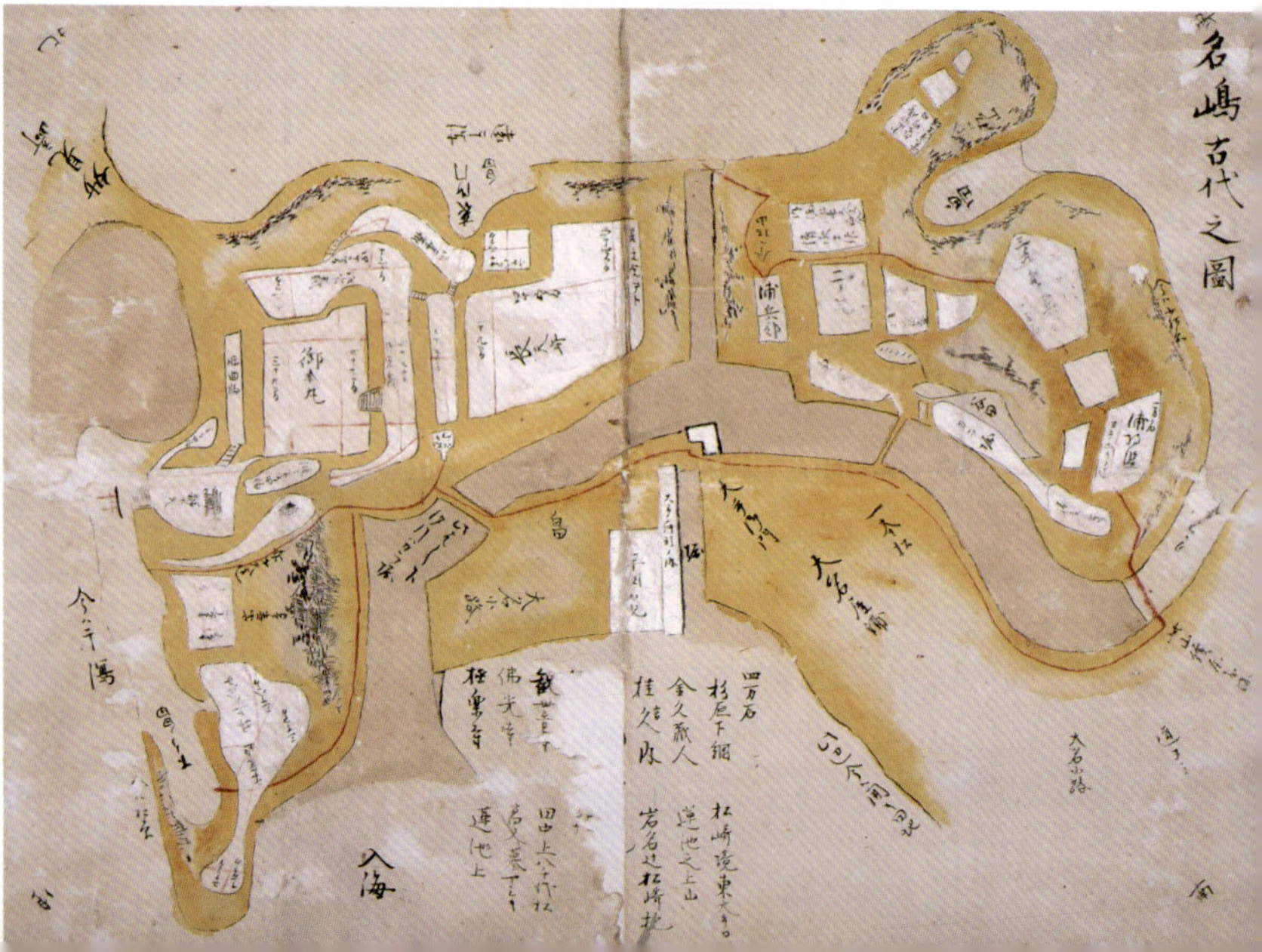

小早川期の名島城を描いた「名嶋古代之図」（福岡市博物館蔵）

（文禄・慶長の役）においては兵站補給のための後方支援基地としての役割をも担った。

隆景から秀秋、そして黒田長政へ

文禄四（一五九五）年、隆景は備後国三原に退隠し、その跡を継いだ養子

名島城の遺構と伝えられる崇福寺の唐門（斎藤英章氏撮影）

・小早川秀秋（筑前入国時は秀俊）が新たに名島城の城主となった。秀秋は慶長三（一五九八）年に越前国に転封となるも翌年には復領。同五年の関ケ原合戦では当初石田三成率いる西軍に加わるも、合戦当日、東軍に転じて徳川家康に勝利をもたらした。その功績により秀秋は備前国と美作《みまさか》国を与えられ岡山に移った。

　秀秋に代わり筑前国を与えられた黒田長政は、豊前国中津から名島城に入り居城とした。しかし、城下町が狭小なことなどを理由に、慶長六年から那《な》珂《か》郡警固《けご》村福崎に新たな城郭・福岡城の建設に取り掛かった。この時に名島城は廃され、建物や石垣の多くが福岡城の資材として転用された。

　現在、名島城の周辺は宅地化が進み景観は大きく変化しているが、発掘調査により石垣などの遺構が確認されるとともに、本丸跡は公園として整備されている。また、崇福《そうふく》寺（福岡市博多区千代）の境内にある唐門（県指定有形文化財）は、名島城の遺構と伝えられている。福岡城址にある名島門（市指定有形文化財）は、名島城の脇門を福岡城築城の際に黒田二十四騎の一人である林直利《なおとし》が拝領し、自身の屋敷の門として利用したものと伝えられる。

　宗像市大穂《おおぶ》の山間にある宗生《そうしょう》寺は、小早川隆景が当寺の桂翁栄昌《けいおうえいしょう》に帰依し、寺領百石を寄進した寺院で、山門は福岡城築城の際に黒田長政が名島城の搦《からめ》手《て》門を移築したものと伝える。

［髙山］

宗生寺の山門。名島城の搦手門を移築したものといわれる（斎藤英章氏撮影）

広大な城域を誇る黒田家五十二万石の居城

福岡城《ふくおかじょう》

所在地 福岡市中央区城内
別　名 舞鶴城
アクセス 福岡市営地下鉄空港線赤坂駅もしくは大濠公園駅から徒歩8分／西鉄バス平和台・鴻臚館前、城内美術館東口、大手門の各バス停から徒歩5－8分、赤坂3丁目バス停から徒歩10分／福岡シティループバス「ぐりーん」⑨平和台・鴻臚館前または⑰福岡城址・福岡市美術館東口から徒歩5分

黒田父子による築城

豊前国京都《みやこ》・築城《ついき》・仲津・上毛《こうげ》・下毛《しもげ》・宇佐六郡を領した中津城主・黒田長政は、慶長五（一六〇〇）年の関ケ原合戦において徳川家康率いる東軍に属した。長政は、福島正則ら諸将を説得し東軍に味方させるとともに、西軍に属した小早川秀秋を東軍に寝返らせる工作をするなど、東軍の勝利に大きく貢献した。合戦後、その功績により長政は、筑前国ほぼ一国を与えられ、同年十二月に中津城から前領主・小早川秀秋の居城・名島城に入った。

名島城は三方を海に囲まれた要害ではあったが、領内支配の中心地となる城下が狭小だったため、長政と父・黒田如水《じょすい》は新たな城郭を建設することとした。福岡藩の儒学者・貝原益軒《かいばらえきけん》が編んだ『黒田家譜』によれば、建設候補地は住吉、箱崎、荒津山（荒戸山、現在の西公園）、福崎の四カ所で、最終的に如水と長政は福崎が適地と判断し、ここに築城することとなった。

築城は、嶋井宗室《そうしつ》や神屋宗湛《そうたん》ら博多町人の資金拠出を得ながら、慶長六年から開始された。石垣普請は、黒田二十四騎の野口一成《かずなり》と益田正親《まさちか》を奉行とし、名島城の石垣や周辺の古墳の石材を転用し、加えて唐泊《からどまり》など博多湾西部地域から石材を調達して行われた。築城は急ピッチで進められ、翌七年には本丸を始めとする内郭が完成、長政が本丸に移り住み、同十一月には東の丸（現在の福岡地方裁判所付近）で黒田忠之《ただゆき》が生まれている。さらに同八年には大堀と外郭が完成し、豊前国との国境に築かれた支城（六端城《ろくはじょう》）を含めた全体の完成には約七年を要したと考えられている。

新しい城は、黒田家ゆかりの地である備前国邑久《おく》郡福岡（現在の岡山県瀬戸内市長船町）の地名から「福岡城」と名づけられた。福岡城は、初代藩主・長政から十二代・長知《ながとも》に至るまで、

「正保福博惣図」（福岡市博物館蔵）。正保３（1646）年に幕府へ提出された城絵図の控図。城下町として福岡だけでなく博多まで描かれている。下は中心部を拡大したもの

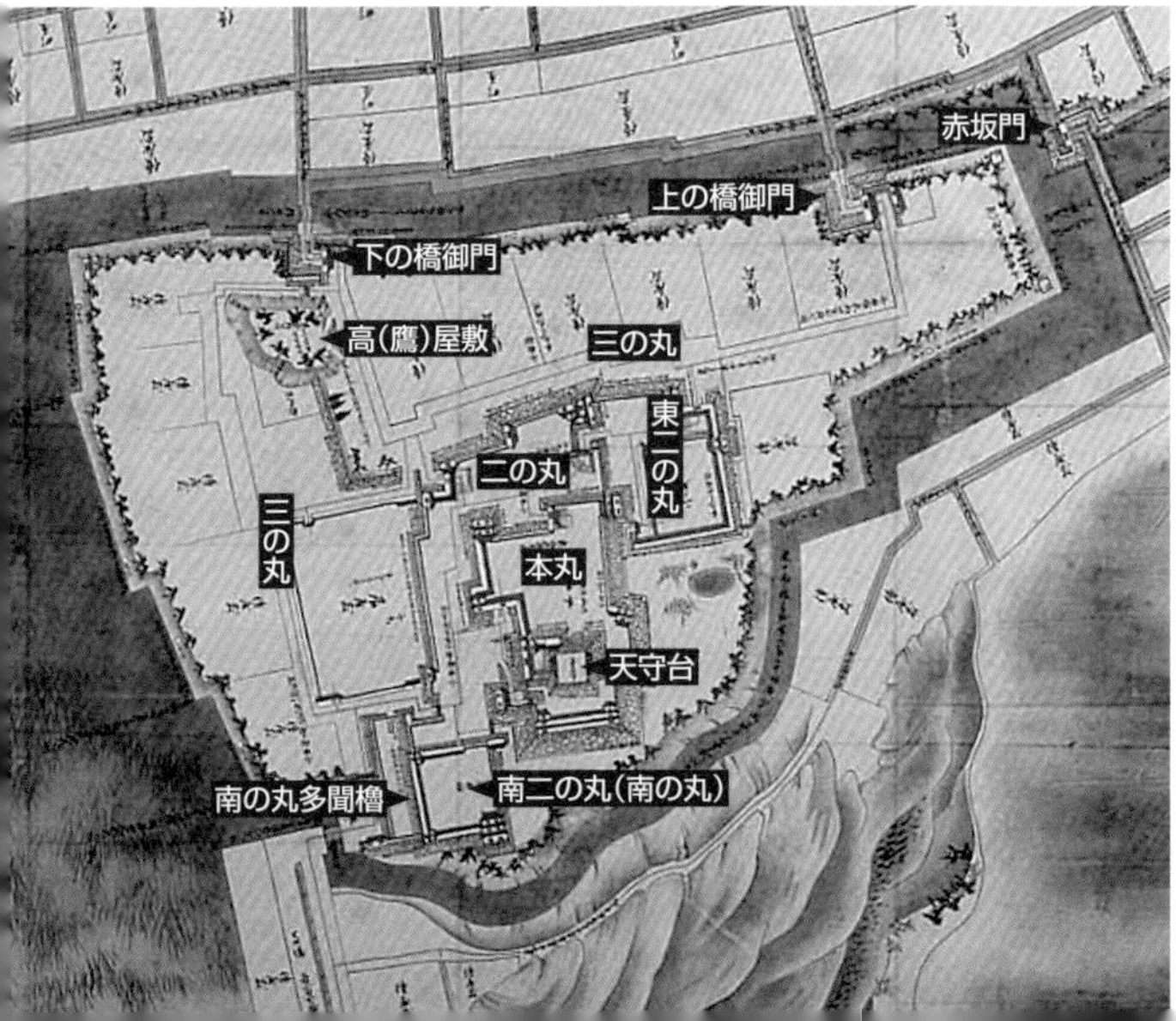

福岡藩黒田家の居城として領内支配の中心地であった。

城下町福岡・博多を見渡す平城

福岡城は、赤坂山の南から続く丘陵地の北端を本丸とし、二の丸、三の丸を配する平城形式の城郭である。本丸

の高さは二三mで二の丸、三の丸へと緩やかな階段状となっている（内郭）。本丸の南側は丘陵地とつながっていたので切通しと堀が設けられ、内郭の周囲には堀が巡らされていた（内堀）。内郭の西側には入江を利用した大堀と荒津山の西側に堀が二カ所設けられ、東側は中堀、肥前堀（佐賀堀）が四十《しじゅう》川（現在の薬院新川）と那珂《なか》川の合流地点まで続いていた。

城下町・福岡には門が六カ所（東取入口南・北、春吉門、薬院門、赤坂門、西取入口）設けられ、これらに囲まれた範囲（那珂川、肥前堀、中堀、内郭、簗堀《やなぼり》、博多湾に囲まれた範囲）が福岡城の外郭である。さらに外側には博多や肥前堀・中堀南側の武家屋敷、西は樋井《ひい》川までを含めた惣郭《そうぐるわ》の存在も想定される。

本丸には藩主の住居と政務の場所として本丸御殿があった。二代藩主・黒田忠之以降には、三の丸に藩主の居屋敷が建てられ、本丸御殿は儀礼の場として使用された。

また、従来、福岡城の本丸には天守が存在しなかったというのが定説であった。しかし、近年、天守の存在を示唆する史料が数点確認されており、その存否についての議論が深まってきている。

二の丸は二ノ曲輪《くるわ》ともいい、東部には藩主世嗣が江戸から帰国した際に居住する屋敷があり、本丸南西に位置する南の丸は城の南側の防御を担い、江戸時代初期には城代屋敷が置かれていた。

三の丸は、黒田如水の隠居所であった高屋敷（鷹屋敷、現在の牡丹芍薬園）と、松の木坂を結ぶ石垣を境に東部と西部に分けられた。東部には、時期によって屋敷割に変化があるものの、江戸時代を通じて家老屋敷が置かれた。西部には、築城当初は代官町として中級家臣の屋敷が置かれたが、正保期

18世紀頃の福岡・博多を描いた「福岡図巻」（部分，福岡市博物館蔵）。博多湾側から見た福岡城の外観が描かれている

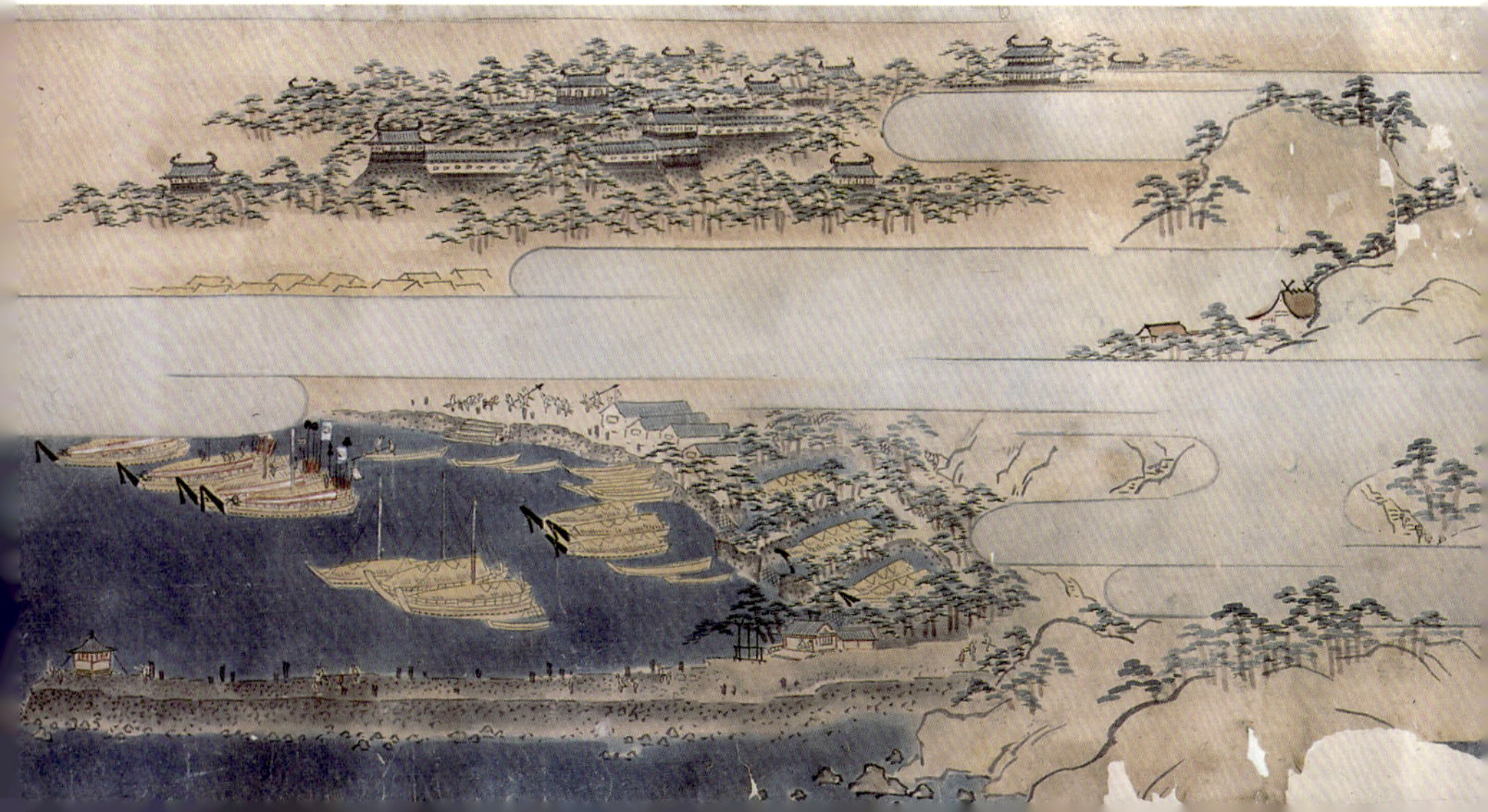

復元された下の橋御門と伝潮見櫓（斎藤英章氏撮影）

（一六四四－四八）には大堀沿いに家老屋敷が、二の丸沿いに藩主の居屋敷が配置された。この居屋敷は寛文十一

（一六七一）年には高屋敷西側に移され、御下屋敷または西ノ丸と呼ばれ、以降、幕末まで位置は変わらなかった。

御下屋敷は藩主の住居や生活の場であるとともに、勘定所や郡役所など諸施設がある藩政の場として機能した。

市民憩いの場 ― 舞鶴公園・大濠公園

現在、福岡城跡の内郭を中心とした四八万㎡は国指定史跡であり、石垣も大部分が往時のまま残っている。本丸から三の丸一帯は舞鶴公園（昭和二十三年開園）となっており、梅や桜を始めとする四季折々の自然が楽しめる。公園内には平和台陸上競技場やテニスコート、ラグビー場などのスポーツ施設が整備され、多くの市民で賑わっている。

昭和六十二（一九八七年）年、園内にあった平和台野球場の外野スタンド改修工事に伴う発掘調査により、古代の対外公館であった鴻臚館《こうろかん》の遺構が発見された。現在までに奈良時代以前の塀と門、奈良時代の塀や掘立柱建物などの遺構や中国越州窯青磁、イスラム陶器、西アジアガラス器など国際色豊かな遺物が出土し、国指定史跡となっている。

また、園内には福岡城の建築遺構も、当初の位置もしくは移築されて保存されている。南の丸にある多聞櫓《たもんやぐら》（本章扉写真参照）は、江戸時代と同じ位置に立つ唯一の建物で、昭和四十七年から同五十年にかけて解体・復元され、重要文化財に指定されている。

下の橋御門は福岡城の門で、本来の位置で現存する唯一の門である。本来は二層の櫓門であったが、昭和九年以前に一層の平門に改められていた。昭

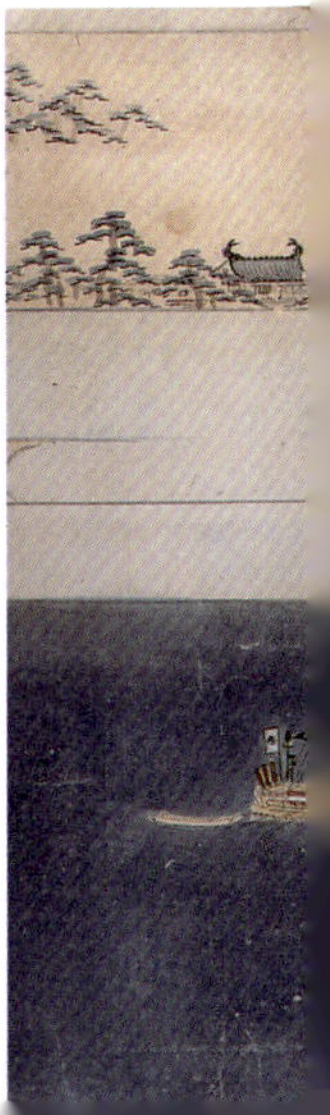

和三十二年に県指定有形文化財となり、平成十二年に不審火で焼失したが、焼け残った部材を再利用し、本来の櫓門として平成二十年に復元された。

下の橋御門の南側に立つ二層の櫓は

本丸の東北隅に立つ祈念櫓（斎藤英章氏撮影）

県指定有形文化財の潮見櫓である。本櫓は大正時代に本丸南側にあった武具櫓や本丸裏御門（いずれも昭和二十年の福岡大空襲で焼失）とともに浜の町の黒田家別邸に移築された。第二次大戦後、別邸が検察庁に譲渡されるにあたり解体され、昭和三十一年現在地に復元された。しかし、平成三年、福岡城の月見櫓を移築したと伝えられていた、黒田家の菩提寺・崇福《そうふく》寺（福岡市博多区）の仏殿から潮見櫓を移築した旨の棟札が見つかったため、本櫓の名称が不明となってしまった。近年の研究により、本櫓は本丸裏御門の西側に立っていた太鼓櫓（古時打《ふるときうち》櫓）であったと推定されているが、今のところ「伝潮見櫓」と通称することが多い。

本丸の東北隅にある祈念櫓（県指定有形文化財）は、鬼門封じの祈念をするために建てられた二層の櫓である。本櫓は、大正七（一九一八）年に陸軍省から崇福寺へ払い下げられ、末寺の

崇福寺の山門として残る本丸表御門

大正寺（北九州市八幡東区）に移築され観音堂として使用されていた。昭和五十八年に同寺から本来の場所へと戻されたが、現在の外観は旧来のものとは大きく異なっており、大正寺に移築された際、改変を加えられたと考えら

旧母里太兵衛邸長屋門。昭和40年に現在地に移築された

れている。なお、本丸の北側の出入口であった本丸表御門（県指定有形文化財）は、祈念櫓と同じく大正七年に崇福寺に払い下げられ、現在は同寺の山門として使用されている。

牡丹芍薬園の東側には、旧母《も》里《り》太《た》兵《へ》衛《え》邸長屋門が立っている。これは福岡市中央区天神二丁目の野村證券福岡支店にあった母里家の屋敷の長屋門で、昭和四十年に現在地に移築された数少ない武家屋敷の遺構である。

内堀北側の一部は、明治四十三（一九一〇）年の路面電車の開通（福博電気軌道・福博本線）に伴って埋め立てられたが、昭和五十三年の市営地下鉄工事の際に調査され保存されている。明治通り沿い福岡地方裁判所前に地下への入口があり、毎週土曜日十－十七時に公開されている（年末年始の土曜は非公開）。

本丸の西側の大堀は、昭和二年に開催された東亜勧業博覧会の会場として使用するため、大正十四年から造園工事が行われ、昭和四年に県営大濠公園として開園した。園内には福岡市美術館（昭和五十四年開館）や能楽堂、日本庭園などの文化施設があり、散歩やジョギングを楽しむ人々で賑わっている。また、毎年八月に開催される西日本大濠花火大会は、四十五万人前後の観客が訪れる福岡市の夏の風物詩となっている。

［髙山］

明治期に撮影された上の橋御門（福岡市博物館蔵）

江戸期の風情を残す小京都・秋月のシンボル

秋月城《あきづきじょう》（陣屋）

所在地　朝倉市野鳥
アクセス　甘木鉄道甘木駅から甘木観光バス秋月線で郷土館前下車、徒歩約5分

古処山城の資材を使い建造

春の桜や秋の紅葉を始め、年間を通じて多くの観光客が訪れる小京都・秋月。その町のシンボルともいえるのが、秋月城跡である。秋月城は、鎌倉―戦国時代にかけてこの地を拠点にした秋月氏の古処山《こしょさん》城の一部や居館跡（里城）を利用して築かれたとされる。

城下町としての秋月の歴史は建仁三（一二〇三）年に始まる。鎌倉時代の武将・原田種雄はこの年、古処山に山城を築き、秋月姓に改称した。また、古処山の麓、現在の秋月城址の地には秋月氏の居館が築かれた。秋月氏は戦国末期、十二代・種実《たねざね》の時に薩摩島津氏と手を結び、筑前・筑後・豊前地域に勢力を拡大して全盛期を迎えた。『九州御動座記』などによれば、当時の秋月には家並みが多く連なり、城下町として繁栄していたという。しかし、天正十五（一五八七）年、秋月氏は豊臣秀吉に降伏して日向国財部《たからべ》（高鍋）三万石に移封され、古処山城や居館も廃された。

『筑前国続風土記』などによれば、慶長五（一六〇〇）年、初代福岡藩主・黒田長政の叔父である黒田直之に秋月の地が与えられ、直之は秋月氏が残した建物を居館として使用したようである。

そして元和九（一六二三）年、黒田長政の三男・長興《ながおき》に夜須《やす》・下座《げざ》・嘉麻《かま》の三郡五万石が分知され、秋月藩が誕生した。藩主として入封した長興は、直之の居館を大幅に改修し、藩庁や藩主居館を設置している。この時の改修で、古処山城の搦手《からめて》門であったという黒門など、古処山城の建物が多く移築され、家中の武家屋敷も建設された。

その後、秋月城は秋月黒田氏十二代

瓦坂。瓦を縦に並べて埋め，土の流失を防いだ

の陣屋として続いた後、明治六（一八七三）年の廃城令によって廃城となり、一部を残して撤去された。

往時を偲ばせる遺構

城内は、藩の政務を行う表御殿（現在の秋月中学校敷地）と、藩主や一族の住む奥御殿（現在の長屋門奥）とに分かれていた。また、現在は桜の名所で、茶屋や土産物店が並ぶ「杉の馬場」の通りには、かつては下級武士の屋敷が立ち並んでいた。

約四・三haにも及ぶ城跡は、昭和五十五（一九八〇）年に県指定史跡となっており、奥御殿へ通じる裏手門であった長屋門や石垣、堀などが往時を偲ばせる。また、旧大手門で今の瓦坂の場所にあった黒門は、藩祖・長興を祀る垂裕《すいよう》神社の参道に移築されている。なお、黒門と長屋門は昭和三十六年に県の有形文化財に指定された。

秋月の町には今も、文化七（一八一〇）年製の石橋・眼鏡橋を始め、茅葺《かやぶ》き屋根の武家屋敷や漆喰《しっくい》塗りの町屋などが点在しており、城下町の風情を残している。城跡も含め、城下町の散策をぜひお勧めしたい。

［竹川］

上：長屋門。秋月城の建物の中で唯一当時の場所に残る／下：秋月城の大手門で，現在は垂裕神社の神門となっている黒門。もともとは古処山城の搦手門であったと伝えられている（以上２点，木下陽一氏撮影）

支藩として数奇な歴史を刻んだ直方藩の藩主居館

直方陣屋《のおがたじんや》

所在地　直方市直方
別　名　直方城、直方館、御館
アクセス　ＪＲ筑豊本線直方駅より徒歩約15分

東蓮寺藩から直方藩へ

ＪＲ直方駅の南、直方の総鎮守・多賀神社の裏手に当たる多賀公園や隣接する直方市体育館の一帯が、藩主の居所と政務の場であった直方陣屋跡である。一般的な城郭とは異なり、天守や櫓《やぐら》のない御殿（居館）造りの施設であった。

現在、直方市体育館近くに、近年設置された「史跡直方城址」の石碑が立っているが、多賀公園内に城郭の曲輪《くるわ》跡などが残る程度で、一帯は住宅地や体育館の敷地となっている。多賀神社の裏、多賀公園と接する辺りに堀切《ほりきり》と石垣らしき遺構があるが、当時のものかどうか判然としない。

直方藩の前身である東蓮寺《とうれんじ》藩は、元和九（一六二三）年、福岡藩初代藩主・黒田長政の死後、四男・高政に四万石が分与され成立した。寛永三（一六二六）年には藩主居館が完成。その場所は現在の殿町、双林院付近で、小高い丘地で水堀もあったと伝えられる。周囲には家臣団を居住させた他、藩が用材を無償で提供し、一一〇軒の町家・商家を誘致して城下町を形成した。

延宝三（一六七五）年、東蓮寺藩から直方藩へ改称。直方の名の由来は、『易経』の「直方大」からとったとも、付近の「能方」の地名をとったともいう。延宝五年、三代藩主・長寛《ながひろ》が本藩である福岡藩の藩主になったため、直方藩は一時廃藩、福岡藩に併合されてしまった。ただし廃藩後も、家老・明石助九郎らが藩領支配をそのまま担当した。

元禄元（一六八八）年には長寛の弟

直方陣屋の門を移築したものといわれる西徳寺の山門

・長清《ながきよ》が五万石で入封し、直方藩は再興される。長清は藩主居館を拡張する

直方陣屋跡全景。小高い丘の上の跡地は，現在公園や住宅地となっている

ため妙見《みょうけん》山山頂に移築した。それまで妙見山にあった妙見社を移したのが、現在の多賀神社である。

「直方御総郭絵図」などの江戸期の絵図によれば、陣屋の周囲には遠賀《おんが》川の水堀を引いて水堀を巡らせ、洪水除けの堤防や土塁が築かれていたことがわかる。町の出入り口には築地塀《ついじべい》の番所や門などが設置され、城郭のような構造であった。また、町屋を東側に拡張して新町とし、従来の町屋を古町として区別した。

直方藩はその後、長清の嫡子・菊千代（継高《つぐたか》）が福岡藩を継ぐことになったため再び廃藩となり、直方藩士は福岡城下、特に西新（福岡市早良区）周辺の下級武家屋敷群に移り住んだ。

城下町の様子

直方陣屋の周辺には、黒田高政や殉死した家臣の墓がある雲心寺を始め、随専《ずいせん》寺、西徳《さいとく》寺などの寺院が集中している。これらは城下町の防衛線として配置されたと考えられている。また、現在の直方歳時館付近にあった御茶屋御殿は、いわゆる迎賓館であったが、築地塀を持ち瓦葺きで堅固な建物だったこの施設も、有事の際の軍事的役割を有していたと思われる。

JR直方駅のすぐ西側、覚音山西徳寺は、黒田家入国以前の筑前国主である小早川家の家老・篠田次郎兵衛重英の開基と伝わる。同寺の山門は、直方藩が福岡に還府された享保五（一七二〇）年以降に、直方陣屋の門を移築したものという。この門は桁行《けたゆき》二間、梁《はり》間《ま》一間、城館などに用いられる武家門様式の薬医《やくい》門で、黒田家の家紋「藤《ふじ》巴《どもえ》」がある。また、寺所蔵の梵鐘には福岡藩の儒学者・貝原益軒《かいばらえきけん》の銘文があり、寛文四（一六六四）年、福岡三代藩主・黒田光之の命で改鋳され、場内に時を告げる鐘として用いられたことが記されている。

［竹川］

筑後川を背後に七基の櫓が聳えた城

久留米城《くるめじょう》

所在地　久留米市篠山町
別　名　篠山城
アクセス　ＪＲ鹿児島本線久留米駅より徒歩15分

毛利秀包の入城

久留米城は筑後川を背に築かれた平山城で、「久留目」や「來目《くるめ》」の表記も見える。後に本丸となる丘に永正年間（一五〇四－二一）在地土豪が砦を築いたことがその始まりという。

久留米藩の学者・矢野一貞《いってい》が著した『筑後将士軍談』には、古老の伝聞として、「昔ハ此地小竹原也、然《しか》ルニ永正ノ頃初テ城ヲ築ク、故ニ笹原城ト称ス、其後城亡、悉《ことごと》ク又田園トナル事年久シ」とある。また同書には、天文年間（一五三二－五五）に御井《みい》（現久留米市）の郡司某が城郭を築いていた、ともある。

天正年間（一五七三－九二）の初め、高良山座主《こうらざす》・良寛《りょうかん》は豊後大友氏の旗下に属していたが、その弟・麟圭《りんけい》は反目し、肥前龍造寺氏の保護を受け城主となった。天正十一年から約三年間、麟圭は大友の武将らに攻撃を受けたが、筑後川と周辺の湿地帯に取り囲まれた天然の要害が功を奏し、当地を死守したという。その後、麟圭は天正十五年、豊臣秀吉の筑後入国の際に降礼をとるが、同十九年に誘殺された。

秀吉による九州国分けの後、毛利秀《ひで》包《かね》が入城した。天正十五年七月のことである。秀包は当時二十一歳、同年秀吉の媒酌で大友宗麟《そうりん》の娘を娶《めと》った。所領は御井、御原（現小郡市）、山本（現久留米市）の各郡であった。秀包は入城とともに拡張工事を行った。

久留米藩儒・合原窓南《ごうはらそうなん》が記した『久

昭和28年の水害直後の久留米城周辺（久留米大学提供）。集中豪雨により筑後川が氾濫した。石垣の上には避難した人々の姿が見える

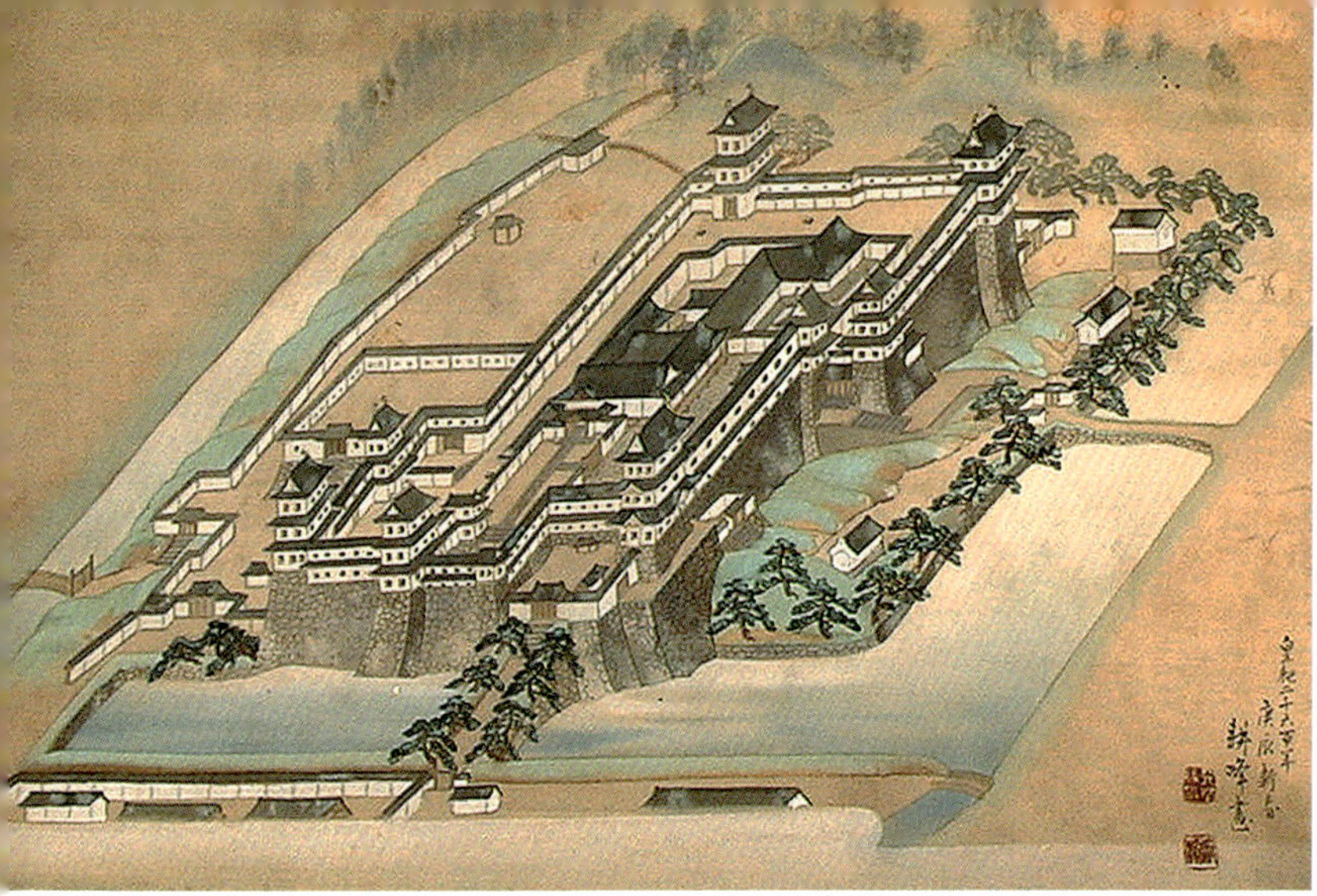

天野耕峰筆「篠山城図」（久留米市教育委員会蔵）

留米城之記』（宝永六（一七〇九）年）によれば、当時大手門は現城址より東側にあり、後に「蜜柑丸《みかんまる》」と呼ばれる城壁の東側が城の中心であった。城内には、秀吉から下賜された大坂城の一室を移設して「大坂書院」と名づけ、長谷川等伯《とうはく》の絵画が掲げられていたという。また、後述する篠山神社のある地には山王宮（現在は日吉町に移転）があった。

　さらに秀包は、家臣団の居住地や町屋を設定し、本格的な城下町建設に着手した。真名辺仲庵（藤井懶斎《らんさい》）の『北筑雑藁』（延宝三（一六七五）年跋）には、「士臣ノ居」として、「櫛原」「京隈《きょうのくま》」「庄（荘）島」「十間屋敷」「柳原」の地名が見え、城下町の規模を知ることができる。

　秀包は大友宗麟の娘を娶ったことでもわかるように、熱心なキリシタン大名であった。天正十九年（一説に十八年）には宣教師ヴァリニャーノが長崎から上洛の途中久留米に立ち寄り、城主・秀包とその妻に対面した。慶長五（一六〇〇）年の「イエズス会年報」には、秀包夫妻が薩摩から材木を輸入して宣教師のために住院と聖堂を建設した記録がある。

本丸東下の蜜柑丸跡。その名称はかつて蜜柑の木が植えられていたことに由来する

本丸跡にある小早川神社の石廟。毛利秀包を祭神とし，廟の扉にはX型の十字架が刻まれている

秀包から田中吉政へ

慶長五年、関ケ原合戦時の秀包は、立花宗茂《むねしげ》、筑紫広門《ひろかど》、高橋直次らと共に西軍に属した。同年九月十三日、筑後勢は近江国大津城を攻め落としたが、同十五日には勝敗が決し、秀包は落髪した毛利輝元《てるもと》に従って筑後入道道叱《どうしつ》となった。

秀包出陣後の久留米城は黒田孝高《よしたか》の軍勢により開城し、同合戦による戦功として、三河国岡崎城主の田中吉政に筑後一国が与えられた。翌年から吉政は領内の検地を開始、本城は柳川城であったため、久留米城には二男・吉信が入城した。

吉政は領内の交通網、市場圏の整備などに着手した。蔵入地《くらいりち》年貢は柳川と久留米に収納されることになっており、筑後川の水運と、柳川・久留米間の幹線道路の整備が急務であった。久留米・柳川往還（現県道二三号線）の脇には当時の一里塚が残っている。

支城の久留米にはあまり手が加えられなかったようであるが、『家勤記得集』（元禄九（一六九六）年成立）には、「城池の高低を開き、第一城（本丸）に池を掘り、石塁を築き、矢倉《やぐら》・闕門《けつもん》を建て、第二城（二の丸）・第三城（三の丸）にも池を深くし、築地を構えた」とある。残念ながら、この当時の久留米城に関する絵図は見出すことができないが、御井郡仁王丸村（現久留米市北野町）から真教寺、浄顕《じょうけん》寺などが移転、後年の寺町の端緒となり、筑後川沿岸の洗切《あらいきり》の整備もこの頃開始されたといわれている。

田中家断絶、そして有馬家入城

慶長十四年二月、田中吉政は江戸へ向かう途中客死した。後継は四男の忠政であったが、元和元（一六一五）年の一国一城令により久留米城は一旦廃城となった。同六年に忠政は病死、嗣子がいなかったため田中家は断絶した。同年閏十二月、丹波国福知山城主・有馬豊氏《とようじ》が久留米へ加増転封となり、翌年三月入国した。所領は御井・御原と上三郡（生葉《いくは》・竹野・山本）、下三郡（上妻《こうづま》・下妻《しもづま》・三潴《みずま》の一部）である。

豊氏は一旦廃城となっていた久留米城の大改修を行った。領内の古城（榎津《えのきづ》・城島・福島・黒木・赤司）を

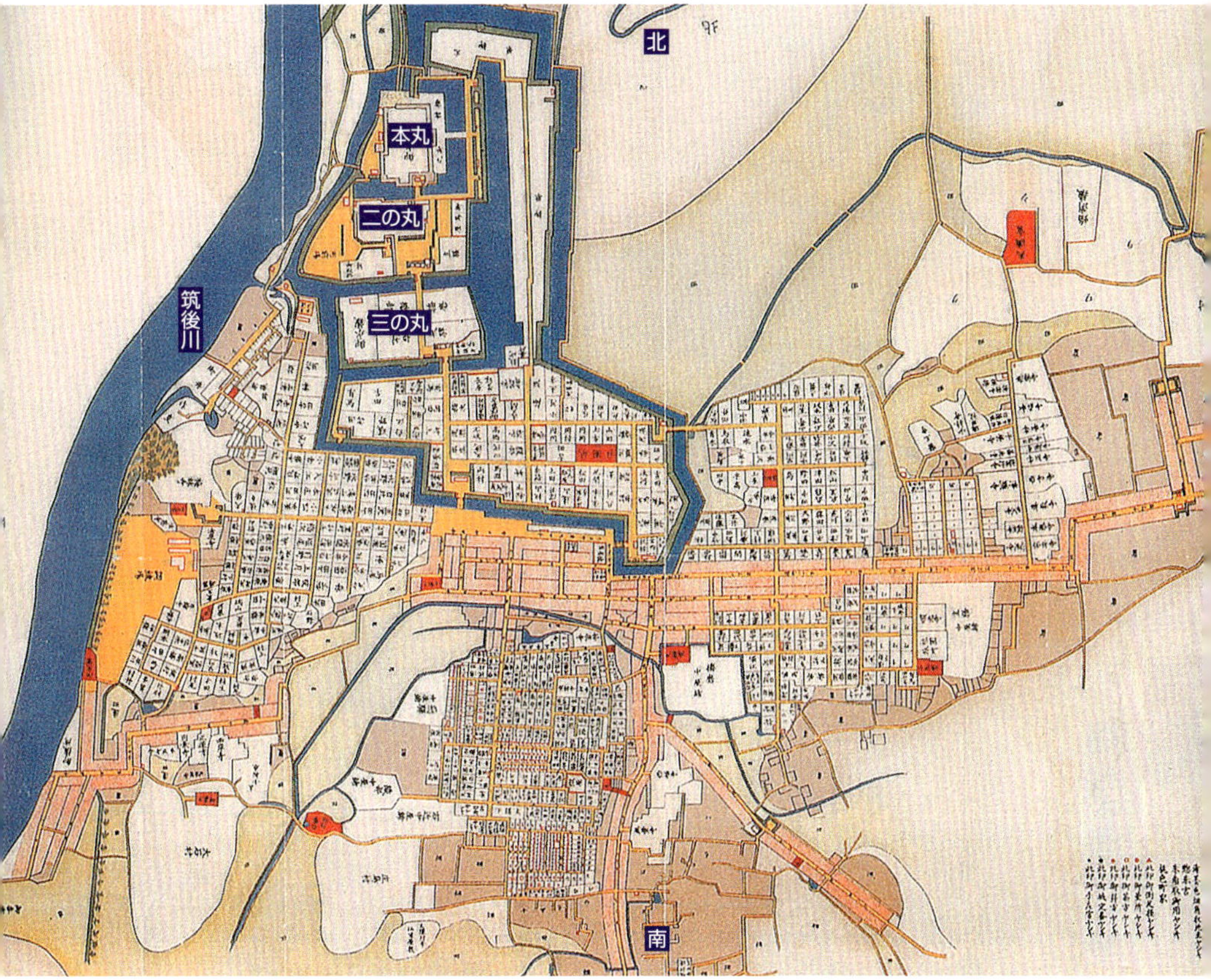

「天保時代久留米城下図」（久留米市教育委員会蔵。掲載図は『久留米市史』掲載用に着色されたもの）。城は筑後川を利用した堀に囲まれている

解体し、久留米城修造の一部に用いたといわれているが、詳細は不明である。新城郭の修築は、城全体の縄張りの拡大・改変を中心とし、同時に武家屋敷の建設が進められた。当時の家臣団は、文禄四（一五九五）年に遠江国横須賀城三万石を受封した頃の横須賀衆、慶長五年の関ケ原合戦後に三万石を加増され転封した丹波国福知山時代の丹波衆を軸として、田中父子二代の旧家臣なども含まれるため、屋敷地の確保とその建築は急務を要したのである。

『石原家記』の元和九年の条には、「御城並びに御堀、士屋敷等御普請御本丸外建替え広まり」とあり、この頃の修築の主要部は本丸、堀、家臣の屋敷であったことがわかる。恐らく前述した東側の城を南側に移築したのはこの時期であると思われる。

寛永四（一六二七）年には本丸の櫓《やぐら》や堀が完成したようであるが、二の丸・三の丸・外郭には塀がなく、新たな

明治初期の本丸（久留米市教育委員会蔵）。右端が天守の代わりとなった巽櫓

修築は行われていない。同八年、筑前黒田家より名島城の建材が寄贈され、肥後加藤家が柳原の堀を修築し、「筑前堀」「肥後堀」の名称が残っている。豊氏の頃に修築が約十年かかった背景には、幕府への遠慮があったといわれている。遅滞の要因としては、領民に対する過重な負担を避けるためや、江戸城・大坂城普請における財政的な負担などが考えられている。侍屋敷の建設に関しては、寛永初年頃までに徐々に進行し、同九年には経（京）隈村・櫛原村にも屋敷が建築され始め、逐次整備・拡大されたようである。

二代藩主・忠頼《ただより》の頃には、主に外堀の浚渫《しゅんせつ》などの堀の修復・整備に重点が置かれた。『家勤記得集』には、慶安二（一六四九）年の年明けから三カ月近くかけて、百姓・町人を問わず領民を動員して外堀の整備を行った記述がある。その後、同四年には三本松町隅から櫛原鷹匠小路《たかしょうこうじ》に至る堀、承応二（一六五三）年には瓶（亀）屋町橋から洗切橋、片原町から狩塚橋西まで、明暦元（一六五五）年には二の丸・三の丸付近の堀の浚渫が行われた。

三代藩主・頼利《よりとし》は十七歳で死去し、嗣子がなかったので、弟の頼元《よりもと》が養子に入り四代藩主となった。父・忠頼の頃から本格化した堀の築造・修築工事を継承し、延宝七（一六七九）年、狩塚口から柳原口までの三一〇間にわたる堀掛けが行われた。『米府年表』によると、天和二（一六八二）年には「二の御丸東脇より柳原御門東脇迄三

冠木御門跡。本丸への入口で枡形となっている

百七十八御囲新規」の普請が幕府より許可され、三年後の貞享二（一六八五）年の正月から堀の浚渫とその土を利用して土囲を築く工事を実施した。さらに元禄四（一六九一）年、小森野口から柳原付近の外堀浚渫が行われ、三回の大規模工事の結果、久留米城の修造は一応の完成を迎えたと考えられる。

現在の久留米城本丸。櫓は失われたが，それを支えた重厚な石垣が残る

多聞櫓で繋がった七つの櫓

城郭自体の規模について触れると、本丸は南北八十六間半、東西五十三間、周囲には隅櫓《すみやぐら》があり、それらを多聞《たもん》櫓で繋いでいる。隅櫓のうち最も大きな巽《たつみ》櫓は天守の代わりをなし、その他、太鼓櫓、坤《ひつじさる》櫓、西下《にしした》櫓、乾《いぬい》櫓、艮《うしとら》櫓、月見櫓と呼ばれていた。寛延三（一七五〇）年には、本丸の東側石垣と内堀の間にあった蜜柑丸に宝蔵が造られた。天保年間（一八三〇ー四四）の城下図では、外郭の三の丸に近い地点が行政機構の中核となっており、付近には藩校・明善堂《めいぜんどう》や武術稽古所も見える。

明治五（一八七二）年、二の丸は解体、同八年に本丸も解体された。現在同地には、初代藩主・豊氏らを祀る篠山神社（明治十年創建）、昭和三十四年に久留米市制七十周年を記念してブリヂストン社長（当時）・石橋正二郎氏から寄付された有馬記念館、東郷記念館などがある。また、南側にはブリヂストン久留米工場とその関連施設、東側には久留米大学及び大学病院がある。

［吉田］

本丸跡に立つ篠山神社。初代藩主・有馬豊氏らを祀る

わずか十数年で破却された有馬豊範の居館

松崎陣屋

まつざきじんや

所在地　小郡市松崎
別　名　松崎城、松崎館、豊範館
アクセス　甘木鉄道松崎駅より徒歩5分

交通の要衝に築かれた居館

甘木鉄道松崎駅から南へ五〇〇mほど進んだ場所に県立三井高校がある。筑後松崎領主であった有馬豊範《とよのり》の居館は、同校とその周辺域にあった。形式はその遺構から、土塁と石垣、堀で囲まれた平城であったようである。ただし厳密には、城というよりはむしろ「陣屋」「館」「屋敷」と呼ぶにふさわしい。

有馬豊範（豊祐）は、正保三（一六四六）年、但馬《たじま》国出石《いずし》藩の城主・小出《こいで》吉重の三男として、同藩江戸屋敷に生まれた。その母は、初代久留米藩主・有馬豊氏《とようじ》の娘であり、二代目久留米藩主・有馬忠頼《ただより》に子がなかったため、豊範はその養子となった。その後忠頼には男子が二人誕生し、そのうちの一人が明暦元（一六五五）年に三代目藩主・頼利《よりとし》となる。寛文八（一六六八）年、豊範は筑後松崎領一万石を分知され領主となり、当初は御原《みはら》郡横隈《よこぐま》に居館を構えた。そして寛文十一年に領国の中央である鶴崎の地に新しく居館を築き、名を松崎と改めた。

貞享元（一六八四）年、豊範の姉婿で窪田《くぼた》藩（現福島県いわき市）藩主・土方雄隆《ひじかたかつたか》に子がなく家督相続をめぐって御家騒動となり、土方氏は改易とな

左：三井高校の南に残る内堀跡の溜池／右：防御用の柵としての機能もあったと見られる出丸跡の竹林

桜の馬場（NPO 法人地域インターネットフォーラム提供）

った。豊範はこの御家騒動に連座して幕府より領地没収、久留米本藩預り処分となった。以後、松崎領は幕府に還付され直轄領（天領）となり、松崎陣屋も貞享二年に破却された。その後、交通の要所である松崎は、宿場町として発展していくこととなる。

わずかに残る往時の遺構

発掘調査により、三井高校の敷地が本丸跡、倉稲魂《うかのみたま》神社から西側一帯が二の丸、旧法務局裏の小川を挟んだ北側一帯が出丸であったことが確認されている。

破却が徹底して行われたため、その遺構はほとんど残っていないが、三井高校のグラウンド南側の溜池は内堀の一部であった。また、出丸跡の竹林部分に土塁が確認されており、竹林と共に防御機能が整備されていたことが想定される。

松崎宿跡の南北に残る宿場の出入口・構口《かまえぐち》跡は石垣でできており、街道の一部は鍵形に曲がっている。これは城郭の防衛施設である虎口《こぐち》や枡形《ますがた》の名残だと考えられている。

本丸から街道に面した通りに土堤を築き整備した「桜の馬場」は、現在も桜の名所として知られる。［吉田・竹川］

上：城跡に立つ倉稲魂神社
下：石垣が残る南構口跡

柳川城《やながわじょう》

縦横に巡る堀割に囲まれた水の要塞

所在地　柳川市本城町
別　名　舞鶴城
アクセス　西鉄天神大牟田線柳川駅から西鉄バスで柳川高校前下車すぐ

田中吉政による大改修

永禄年間（一五五八－七〇）、柳川の地に初めて城砦を築いたのは、この地方の土豪であった蒲池鑑盛《かまちあきもり》である。その後、豊臣秀吉が九州を平定し、天正十五（一五八七）年、立花宗茂《むねしげ》が柳川藩十三万二千石に封じられ、柳川城の城主となった。ところが、関ケ原の戦いで西軍に与《くみ》した宗茂は慶長五（一六〇〇）年に除封され、代わって田中吉政が石田三成を生け捕りにした功によって、徳川家康から筑後一国を与えられた。

田中吉政は着任するや柳川城の大改造及び城下町の整備を行った。西方に流れる沖端川《おきのはた》を掘り変え、掘割《ほりわり》を掘削し幅を広げ、石垣も高くし、蒲池鑑盛が築いた古い城に代えて西側に本丸を築き、五層五階の天守を造った。

元和六（一六二〇）年、立花宗茂が再封され、その後二五〇年余にわたって立花氏が柳川を治めたが、基本的には田中吉政が整備したものを踏襲した。

欄干橋を渡り二の丸へ

柳川城は、中心部に本丸と二の丸が並立し、その周りを三の丸が囲む並郭《へいかく》式と呼ばれる形式である。本丸の面積は一町一反八畝（約一一・七〇〇㎡）、二の丸の面積は九反五畝（約九・四二〇㎡）であった。本丸・二の丸は広い内堀に囲まれており、登城するにはただ一カ所に架けられた欄干橋を渡るしかなかった。欄干橋の長さは十一間五尺（約二十一m）、幅二間四尺二寸

三柱神社（柳川市三橋町）の欄干橋（柳川市提供）。慶長４（1599）年の銘を持つ擬宝珠があり，これはもともと城内の欄干橋につけられていたものという

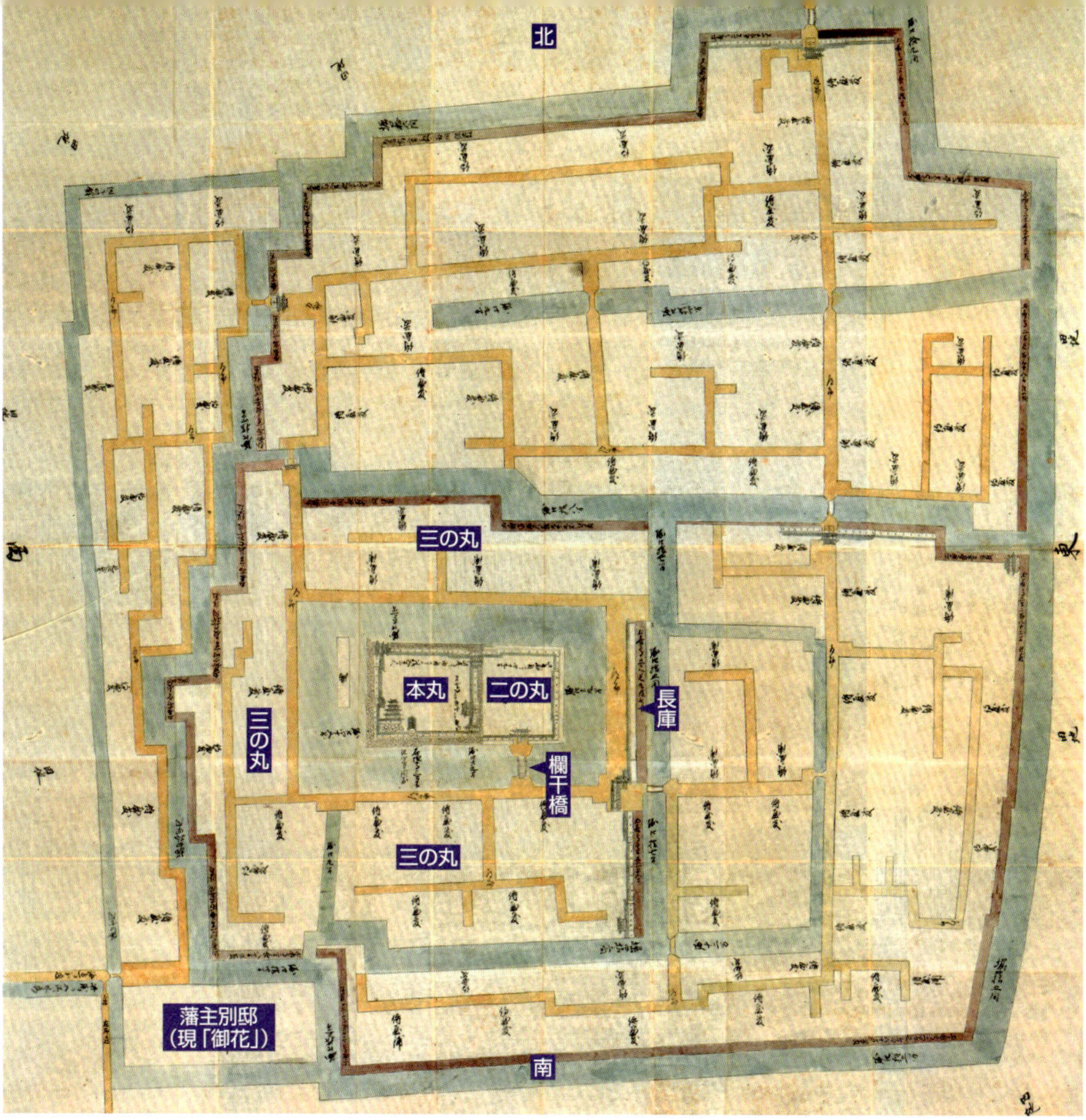

「日本古城絵図」より「筑後国柳河城図」（国立国会図書館蔵）。堀割が縦横に巡る様子がわかる

（約四・八ｍ）で、手前には「鬼松」「蛇松」と呼ばれる二本の大きな松が植えられていた。

欄干橋を渡ったところにある二の丸御門は櫓門《やぐらもん》で、屋根は入母屋《いりもや》造りであった。二階には時を知らせる太鼓が置かれ、太鼓門とも呼ばれた。

二の丸御門を入ると、番兵が駐在する下番所と物頭たちが詰める御物頭番所があり、その北側には御用金や物品を管理する御銀蔵と御銀御役所があった。この他二の丸には、材木や石材などを貯蔵する御普請方材木蔵、供侍などが待機する大腰掛、城中の庭の樹木の管理などを行う御路地役所と役人たちが詰める下役所、土木・建築を所管する御普請役所や大工木屋などが置かれていた。

このように二の丸は、下級役人や大工・植木職人、人夫などが出入りする、割とごみごみした感じの区画であった。

本丸、そして天守へ

　二の丸と本丸の間は、幅五間五尺（約一〇・五m）の本丸御門と築地塀《ついじべい》によって隔てられていた。本丸の東南の隅には巽《たつみ》櫓（二階建て）、東北には艮《うしとら》櫓（三階建て）、西北には乾《いぬい》櫓（三階建て）、南の中櫓（一階建て）、西の中櫓（一階建て）があった。

　本丸には本丸御殿があった。木造茅《かや》葺《ぶ》き平屋建てのいわゆる書院造りで、西と東北には庭園も造られていた。公邸部分（表）と私邸部分（奥）に区分され、公邸部分で藩主は公務を行い、登城した役人たちが事務を司った。

　天守は本丸の西南にあった。石垣の高さは二丈八尺三寸（約八・五m）で天守本体の高さは十二丈一尺五寸（約二二m）、惣高十丈七尺五寸一分（約三二・五m）であった。

　天守の各階の屋根は、八種類の屋根がやや装飾過多に見えるほどに組み合わされた八棟《やつむね》造りであった。

　一階の屋根は、東西両面の高さを低くした比翼の千鳥《ちどり》破風《はふ》、南北両面は二階の軒先に届くほどの千鳥破風。壁には南北に四カ所、西に三カ所の格子窓があり、銃眼が設けられていた。藩士総登城の際には、一階の大広間が用いられた。

　二階の屋根は、東西が軒唐《のきから》破風《はふ》の上部に千鳥破風、南北は比翼の千鳥破風。三階の屋根は、東西が比翼の千鳥破風、南北が千鳥破風と軒唐破風の組み合わせ。四階の屋根は、最上階である五階の眺望を妨げないよう東西は低い軒唐破風で、南北は特に意匠は凝らされていない。五階の屋根は入母屋造りで、東に雄の鯱《しゃちほこ》、西に雌の鯱が飾られていた。部屋は三十畳ほどの広さで、金飾りのついた高欄《こうらん》（手すり）と回廊が巡り、壁は戸袋付きの板戸で、いわゆ

わずかに残る柳川城の痕跡。石垣（木下陽一氏撮影）と天守台跡（斎藤英章氏撮影）

中野春翠筆「柳河旧城図」（立花家史料館蔵）。欄干橋から二の丸，本丸，そして五層の天守が描かれている

る内縁高欄の層塔式天守であった。

天守閣の北側には、石垣の高さ二間五尺（約五ｍ）の上に、単層で東西三間（約五・四ｍ）、南北四間（約七・二ｍ）の附御《つけおん》櫓《やぐら》が接続していた。いわゆる複合式天守であり、軟弱な地盤を考慮したものといわれている。

本丸・二の丸を囲む内堀の規模は、南北約一九〇ｍ、東西約三四〇ｍで、幅は約四五ｍである。全国的には三〇ｍあたりが標準というから、柳川城の内堀はかなり広い部類に入る。

三の丸から外城へ

内堀を囲むようにして三の丸がある。東三の丸には二棟の長庫《ながくら》があった。年貢米を収納する蔵で、二棟で二十一戸分の蔵に相当したという。長庫の前は幅約二二ｍ、長さ約一五〇ｍの広い道路で、長庫の荷役に用いられたが、万が一城に火災が発生した場合の火消しの集合場所に定められていた。

北三の丸の東北には、柳川城鬼門を守護するため三神山（八幡宮・愛宕《あたご》権現・神田明神）と梅岳《ばいがく》神社及び真言宗長久《ちょうきゅう》寺が配置されていた。梅岳神社は柳川藩祖の戸次道雪《べつきどうせつ》を祀る。それより西側の区画は、基本的に中・上級藩士の住居地域であった。西北の角には幅二間ほどの弥兵衛門橋という石橋があり、門番が三の丸に出入りする者を見張っていた。

西三の丸と南三の丸には、中老や家老など重臣たちの屋敷が立ち並んでいた。西南方向には三の丸の外に通じる豊後橋があり、その南側に藩主別邸の花畠《はなばたけ》があった。現在の「御花」である。三代藩主・立花鑑虎《あきとら》が元禄十（一六九七）年に築造した。

南三の丸の北側には埋門《うずみもん》があった。幅十mの道路に架けられた長さ約四mの石橋の下に造られた水路で、内堀と繋がっており、舟を使って城に出入りすることができた。

　南三の丸の東側には、北側の道路に接して約四〇mの大腰掛があった。登城した藩士に随行した者が待機する場所である。その南側に御厩《おうまや》があり、馬術の調練を行った。

　三の丸から外に出るための正式の門は、東の黒門である。二層の櫓門で、防火のため門扉に筋鉄《すじがね》を張り、全体を黒く塗りつぶしていたため黒門と呼ばれた。黒門の外には黒門橋があり、これは土を固めた土橋であった。

　本丸と二の丸は内堀で囲まれ、三の丸もまた堀に囲まれている。三の丸までが内城であり、その外側が外城である。外城には中・下級藩士のみならず、小野家や由布家などの重臣屋敷もあり、御一門の立花帯刀《たてわき》家の屋敷もあった。商人や職人はこの区域に居住することはできなかった。

　また、布橋近くには民政全般を司る御会所が置かれ、本小路には藩校・伝習館も置かれた。外城北端の辻町には辻門橋という板の橋があり、橋のたもとに辻門があった。入母屋造り、二層の門で、出入りを監視する番所が置かれていた。

　外城のさらに外側には、他の城下町同様、町人町と職人町が配置され、

御花の西洋館（柳川市提供）と松濤園（木下陽一氏撮影）。明治期に整備されたもの

八百屋町や細工町、鍛冶屋町など、その職業名によって町名が付された。柳川は、士農工商という封建的身分関係が土地利用の姿として具現された典型的な城下町であった。

明治初期の柳川城（柳川古文書館蔵）

難攻不落の「柳城」

古来、柳川人は柳川城のことを、優雅な響きでもって「柳城」と呼んだ。縦横に走る堀割に守られ、一度も攻め落とされたことのない難攻不落の城であった。柳川人はその堅固さを「柳川三年肥後三月、肥前久留米は朝茶の子」と自慢した。

柳川城を描いたものとしては、柳川藩の絵師・中野春《しゅん》翠《すい》の絵が現存している（一三一頁）。江戸期においては、国防上の見地から城を写生することは許されていなかった。中野春翠は城の姿を眼に焼き付けて描いたという。

現在，堀割での川下りは観光の目玉となっている（木下陽一氏撮影）

柳川城の写真として、明治三（一八七〇）年に東宮永村の富重某が写したといわれるものが現存している。南方のかなり遠い場所から写したもので、天守の上半分だけが木の茂みから姿を現している。

明治五年一月十八日、柳川城は全焼した。原因不明の失火として処理されたが、地元では柳川藩最後の家老・立花壱岐《いき》が士族の騒乱を抑えるために仕組んだ放火と伝えられている。［河村］

荒廃・再興を経て明治まで生き残った藩主居館

三池陣屋《みいけじんや》

所在地　大牟田市新町
別　名　藩主居館
アクセス　西鉄天神大牟田線大牟田駅から西鉄バスで三池新町下車、徒歩5分

三池藩の成立と陣屋づくり

標高一二五ｍ余の大間山《だいまやま》の麓集落に大牟田市立三池小学校がある。この学校と西隣りの小字「陣屋」辺りに三池立花家の居館・三池陣屋があった。

慶長十九（一六一四）年、立花宗茂《むねしげ》の弟・直次《なおつぐ》は、常陸《ひたち》国筑波《つくば》郡柿岡（茨城県石岡市）に五千石の旗本として取り立てられ、その子・種次《たねつぐ》が元和七（一六二一）年正月、五千石を加増されて三池郡内に一万石の大名として入封、新町に陣屋を築いた。藩領の村々は、大牟田・稲荷《とうか》・今山・新町・下里《さがり》・一部など十五カ村である。

三池立花家は、種次の後、種長《たねなが》－種《たね》明《あきら》－貫長《やすなが》－長熙《ながひろ》と継承。元文三（一七三八）年、貫長の時、稲荷山で石炭の採掘が行われ、寛政二（一七九〇）年には石山法度が制定されて三池炭田の基礎が確立した。そして安政三（一八五六）年には石炭一万斤を幕府に献上。三池の城下町は黒ダイヤで繁栄し、三池初市《はついち》も近在の人々で賑わった。

長熙の次の藩主・種周《たねちか》は寛政元（一七八九）年に幕府の大番役、同四年に奏者番《そうしゃばん》兼寺社奉行、そして翌五年には若年寄《わかどしより》に昇進した。しかし文化二（一八〇五）年、幕閣の内紛に巻き込まれて失脚し、蟄居《ちっきょ》・謹慎処分となった。

大手門前の陣屋眼鏡橋。今も生活道路として使われている（伊藤咲子氏撮影）

下手渡へ、そしてふるさとへの回帰

翌三年六月、種周の子・順之助（種《たね》善《よし》）は、わずか十三歳で東北の山深い、阿武隈《あぶくま》山麓の下手渡《しもてど》（福島県伊達《だて》市）十カ村五千石に旗本として移封された。旧領三池藩領は幕府に収公され、西国筋郡代支配（日田天領）となり、十年後の文化十三年には柳川藩預かり支配となった。

三池陣屋はどうなったか。熊本の国学者・中島廣足《ひろたり》の筑前への紀行文『筑紫日記』文政十三（一八三〇）年 閏《うるう》

三月十日の項に「今山村より三池の里にいづ。こゝをしり給へりし殿は、公のかしこまりによりて、先つとし、陸奥国の方にうつり給へる。今は其御館のあと、畑となれり」とある。

　嘉永四（一八五一）年、下手渡一万石のうち三〇七八石を返上し、その代わりに旧領三池五カ村（今山・稲荷・下里・一部・新町）五千石が立花種恭《たねゆき》に与えられた。旧領のうち、残りの九八四〇石余（実高）は依然柳川藩の預かり地であった。嘉永五年正月、家老・立花靫負《ゆきえ》は早速下手渡から三池に戻り、新町の安照《あんしょう》寺に宿泊、用人・銀方らも三池に帰着し、三池陣屋の再建に取り掛かった。

　戊辰《ぼしん》戦争で仙台藩の攻撃を受け、下手渡天平《てんだいら》にあった下手渡藩の陣屋が焼失したことを契機に、明治二（一八六九）年に三池藩の再興が決定され、種恭は下手渡から再建された三池陣屋に居所を移した。同年六月二十四日、種恭は三池知事に任命され、同四年廃藩置県によって三池藩は三池県となり、十一月には三潴《みずま》県、そして同九年に福岡県となった。

上：寿光寺の山門。三池陣屋の表門を移築したもの
下：陣屋への石段が三池小校庭の南西隅に現存する

点在する往時の面影

　三池陣屋は、藩主居館を中心に、藩士住居、番所、庫、藩校・修道館（安政四年開設）、共同井戸（一の井戸、二の井戸、三の井戸）などで構成されていた。そして近接する城下町には、三池街道筋に三池御茶屋や旅籠《はたご》、人馬《じんば》継所《つぎしょ》、町屋などの町並みが続き、宿場町としての機能を併置《へいち》していた。

　三池陣屋の表門は寿光《じゅこう》寺（大牟田市歴木《くぬぎ》）、裏門は妙楽《みょうらく》寺（同上）の山門として移築されている。三池小学校に隣接する旧三池郷土館に、藩主居館の玄関の一部が移設されている。また、三池小の校庭の南西隅に陣屋石段（大手門）が残る。

　この石段前の田町川に架けられた陣屋眼鏡橋には、「櫟野《いちの》村石工棟梁金兵衛　棟梁脇幸兵衛伊三郎」と刻まれている。地元の櫟野の石工たちが地産の凝灰《ぎょうかい》岩を使って造ったもので、三池町の風情ある景観の一つとなっている。

［半田］

唐津城（岩永豊氏撮影）

九州名城紀行

昭和41年に築造された模擬天守（岩永豊氏撮影）

唐津城《からつじょう》

名護屋城の廃材を使い築城された寺沢広高の居城

【佐賀県】

唐津市のシンボルともいえる唐津城は、松浦川が唐津湾に注ぐ河口左岸の満島《みつしま》山山頂にある。本丸、二の丸、三の丸が配され、連郭式と呼ばれる平山城である。廃城となった名護屋《なごや》城の廃材を使って築城されたという。慶長七（一六〇二）年から七年の歳月を費やし、同十三年に完成した。

現在、本丸跡に五層五階の模擬天守が築造されている。実際は天守台しか建築されなかったとか、築城当初は天守が存在していたとの説もあるが、寛永四（一六二七）年の幕府の記録には、天守の存在は記されていないという。のみならず、天守の存在を示す絵図や設計図も確認されていないらしい。したがって、天守本来の姿は不明である。

現在ある天守は、築城当初はあったとの説にしたがい、推定にもとづいて昭和四十一（一九六六）年に造られたものである。この西側に二の丸、三の丸と続き、二の丸には藩庁御殿が、三の丸には家臣団の屋敷が建てられていた。

築城した寺沢広高が唐津に入封したのは文禄四（一五九五）年。この時の石高は六万三千石であった。しかし、後の関ケ原合戦（慶長五年）で大きな働きをし、天草四万石、怡土《いと》二万石が新たに与えられ、計十二万三千石の大名となった。

広高は築城に当たって、まず松浦川の大改修を行った。当初陸続きであった満島山と虹の松原を切り離し、そこを松浦川の河口としたのである。この大改修は城防御の役割だけでなく、洪水が防止され、舟運の便も開け、松浦川を多くの川舟が往来するようにもなった。塩害から集落を守るために植樹した「虹の松原」も広高の功績である。地元では現在も広高が「志摩さま」（広高の爵位は志摩守）と呼ばれているのもわかるような気がする。【加藤】

今も残る石垣が往時を偲ばせる（岩永豊氏撮影）

名護屋城《なごやじょう》

［佐賀県］

夢と消えた秀吉の野望とともに廃城となった巨大城郭

唐津市鎮西《ちんぜい》町名護屋は、複雑な海岸線が小さな湾を形成する入口付近に位置する。その丘陵地になっている場所に、四二〇年前、豊臣秀吉は朝鮮出兵のための軍事拠点として大規模な城を築いた（文禄元〔一五九二〕年）。名護屋城である。本丸に五層七階の天守が築かれていたというこの城は、当時、大坂城に次ぐ規模だったと伝えられる。

一七万㎡ともいわれる敷地内には、本丸の他に二の丸、三の丸、山里曲輪《くるわ》ほか十余の曲輪が築造された。城の周辺三㎞内には、城を取り巻くように全国から集結した大名の陣屋も造られた。それも仮設の滞在所などではなく、石垣や堀も備えた本格的なものが多かったという。その数一三〇とも一四〇ともいわれる。さらにその周囲に城下町が築かれた。

当時の名護屋の地勢を、「無人の、しかも到底人の住みがたい所であって、食糧ばかりか、築城工事に着手するのに必要な一切のものがなく、山ばかりの、しかも一方は泥沼の地であった」と評したのは、イエズス会宣教師ルイス・フロイスである。そんな荒れ地のような寒村に約三十万七千ともいわれる兵力が集結した。また、常陸国大名・佐竹義宣《よしのぶ》の家臣・平塚滝俊《たきとし》が、「谷々は皆町にて候。町中、京、大坂、堺の者どもことごとく参り集い候間、何にても望みのもの手に入り候」と国もとへの手紙に書いたように、全国から商人も集まり、城下町は大層な賑わいであったようだ。その繁栄ぶりは、狩野派絵師・狩野光信が描いたといわれる「肥前名護屋城図屏風」（名護屋城博物館蔵）を見ても明らかである。

しかし慶長三（一五九八）年八月、秀吉の死去により、朝鮮に出兵した全軍は撤収。名護屋城もその役割を終えた。むろん武士、商人たちも潮が引くようにいなくなり、名護屋の町はもとの寒村に戻ってしまった。

〔加藤〕

鯱（しゃち）の門（岩永豊氏撮影）。門扉には佐賀の乱時の弾痕が残る

佐賀城《さがじょう》

龍造寺氏の居城を鍋島直茂が拡張・修築

［佐賀県］

佐賀城は当初、龍造寺《りゅうぞうじ》氏の居城であった（当時は村中城）。しかし、天正十二（一五八四）年、龍造寺隆信《たかのぶ》が島原の沖田畷《おきたなわて》で有馬・島津連合軍に敗れ戦死。龍造寺氏はその後も政家《まさいえ》、高房《たかふさ》と継がれるものの、権力は衰える一方であった。その中で領国を支えたのが、家臣の鍋島直茂《なおしげ》である。同十八年、豊臣秀吉の命で政家が隠居すると、直茂が事実上の後継者となった。

その直茂が佐賀城に移ってきたのは慶長十三（一六〇八）年。その前年、高房が逝去したことが契機となった。城の改築自体はそれ以前から行われていたが、十三年には総普請が始まり、武家屋敷、城下町なども造られ、大がかりな工事が行われている。幅約七〇mあったといわれる城周りの堀が造られたのもこの頃だ。その堀は、当時と比べると狭くなっているが、今も三方が残っている。現在の佐賀の町並みは、つまりこの頃に形成されたといってよい。

天守は、直茂の時代にはあったようだ。『鍋島勝茂公譜考補』には、「慶長十四年天守は竣工した」との記述があり、直茂が入城した翌年に完成したことが窺える。また『肥前国佐賀城覚書』には、「佐賀城は平城で、本丸の西北部に五層の天守があり、石垣の高さは五間である」と記されている。

佐賀城の特徴は、先にも書いたように幅約七〇メートルの大堀にある。その大堀は、東西南北ほぼ同じ距離（約四百間）で城郭を取り巻いている。実はこれ、有事を想定しての戦略上の一環である。緊急時、多布施《たふせ》川の水を取り込み、八田江、佐賀江の排水を止めることで、天守、本丸の一部を除き城下町ごと水没できる仕組みになっていたという。佐賀城は別名「沈み城」ともいわれるが、それはこの戦略を称して名づけられたようだ。

［加藤］

城跡からは絶景が広がる（木下陽一氏撮影）

山鹿流縄張りによる
三方を海に囲まれた要塞

平戸城《ひらどじょう》

［長崎県］

平戸島北東部に位置する平戸市街地。その東部、平戸港を見下ろす丘陵地に平戸城はある。眼前には平戸瀬戸が広がり、対岸は北松浦半島の田平《たびら》町である。丘陵地頂上部に本丸、その南側に二の丸、東側に三の丸が築かれていた。今は模擬天守の他、数基の櫓《やぐら》が復元されている。

平戸藩初代藩主・松浦鎮信《しげのぶ》（法印）は、慶長四（一五九九）年に日の岳城の築城を開始したが、完成間近の同十八年自ら火を放ち焼失させてしまう。理由としては、松浦氏は豊臣家と親交が深かったこともあって、幕府の嫌疑を恐れたことなどが挙げられているが、一方で、嗣子・久信の死が原因との説もあって定かでない。

再建を果たしたのは四代藩主・松浦鎮信（天祥）である。鎮信は元禄十五（一七〇二）年に城再建の嘆願を幕府に願い出たところ、翌年許可が下りた。江戸中期に当たるこの時代、城郭の建築はめったなことでは許されなかった。松浦氏になぜこのような異例ともいえる処置が施されたのか。徳川家と姻戚関係にあったためと指摘する説もあるが、詳しくはわからない。確かにこの時代、四代・鎮信、五代・棟《たかし》は幕府に重用され、中でも棟は寺社奉行に任命されている。この抜擢は、外様大名では初めてのことだったという。

こうした背景のもとに、棟が宝永元（一七〇四）年に築城工事を開始した。完成したのは享保三（一七一八）年。天守は徳川家に遠慮したのか、上げられていない。二の丸に建造した三層の乾櫓がその代用を果たしたようだ。城の縄張りをしたのは、軍学者・山鹿素行《やまがそこう》である。山鹿素行といえば、吉良《きら》上野介《こうずけのすけ》邸へ討ち入った時に大石内蔵《くらの》助《すけ》が打ち鳴らした山鹿流陣太鼓で有名だが、これは鎮信が素行の弟子だったという縁による。

［加藤］

高く堅固な石垣の上に白亜の天守が聳える（木下陽一氏撮影）

島原城

しまばらじょう

五層の天守と四十九棟の櫓、十万石並みの大規模城郭

［長崎県］

島原城は島原半島の東海岸線やや北寄りに位置する島原市にある。城郭は、内郭が五層の天守を持つ本丸と二の丸、三の丸からなり、外郭は四十九棟の櫓《やぐら》、七つの城門からなっている。

外郭には高い石垣が巡らされ、石垣の上には白塀が築かれた。白塀には随所に矢挟間《やざま》（矢を放つための小窓）もあった。守りに重点が置かれた要塞のような構造である。

一方内郭は、外郭の南側にある。本丸と二の丸は隔絶されているが、北側の中央を廊下橋で結んでいる。これは、有事の折に取り外せる仕掛けになっていた。本丸には天守を中心に、二層・三層の櫓、平櫓、二階建ての門などが立ち並び、その姿は誠に壮観である。

この広大な外郭内を家中といい、家臣の屋敷もこの中にあった。島原といえば、道路の中央に水路がある武家屋敷跡が有名で、観光スポットにもなっている。しかし、そのあたりは正確には武家屋敷とはいわない。そこは外郭の外であり、鉄砲町とか足軽町と呼ばれていた。つまり士分以下の下級用人たちの住まいだったのである。

築城したのは松倉重政。寛永元（一六二四）年に完成したと伝えられる。松倉氏の石高は四万石である。それでありながら五層の天守や四十九棟の櫓、異様に高い総石垣造りは、分に過ぎる十万石並みの豪勢な城郭といわれている。

普請は領民を大挙駆り出したものの相当困難を極めたらしく、松倉氏は入封早々領民の不評を買ったようだ。その後も領民への圧政が続き、司馬遼太郎氏は、「日本史のなかで、松倉重政という人物ほど忌むべき存在は少ない」とまで語っている。この圧政続きが寛永十四年の農民一揆となり、島原の乱に発展したことは周知の通りだ。

［加藤］

天守は失われたが，石垣や櫓が残る（木下陽一氏撮影）

白塀と水上に浮くような姿から「白雉（はくち）城」と呼ばれた城

府内城《ふないじょう》

［大分県］

九州九カ国のうち六カ国の守護職を務めていた大友氏が、吉統《よしむね》の時代の文禄二（一五九三）年、豊臣秀吉に領地を没収されたことで豊後の大友時代は終わった。その後秀吉は豊後を自らの直轄地とし、八郡（日田郡、玖珠《くす》郡、国東《くにさき》郡、速見郡、大野郡、直入《なおいり》郡、大分郡、海部《あまべ》郡）に分割。大友氏が拠点としていた大分郡府内には、最初早川長敏《ながとし》が六万石で入封した。が、長敏は慶長二（一五九七）年速見郡杵築《きつき》に転封。代わって、臼杵城主だった福原直《なお》高《たか》が入封した。

直高は石田三成の妹婿に当たるため、府内への入封は三成の画策があったのではと囁かれた。実際、直高が臼杵時代六万石であったことを思えば、新たに六万石が加増され十二万石になった理由が見当たらないし、秀吉側近で重臣でもあった三成の何らかの意向が働いたと疑われても仕方がないであろう。

府内城の築造は入封直後から行われた。建設地は、堅牢な城郭造りを目指して大分川河口付近が選ばれた。城の縄張りは本丸に四層の天守があって西の丸、東の丸が隣接し、それらを堀が囲む。北の丸と隣接する山里曲輪《くるわ》が廊下橋で西の丸と結ばれていて、櫓《やぐら》は大小二十三基あったという。西の丸、東の丸と堀を隔てて外側は三の丸である。ここに家臣たちの武家屋敷があったようだ。これらの城郭を二重、三重の堀で固め、誠に防備態勢は万全である。

この地は、大友氏時代、舟の荷物を揚げ降ろししていたことから「荷落《におろし》」と呼ばれていたが、それでは縁起が悪いということで地名を「荷揚《にあげ》」に改め、城の名も荷揚城にしたと伝えられる。しかし、直高は翌年の関ケ原合戦で豊臣方についたため、合戦後徳川家康に改易された。その後、府内に入った竹中重利《しげとし》により、城の修増築や城下町の整備が行われている。

［加藤］

岡城《おかじょう》

中川秀成が大修築した秀吉激賞の不落の城

【大分県】

江戸時代の地理学者・古川古松軒《こしょうけん》は、自著『西遊雑記』の中で、「我大軍を以て責取らんに、薩州十日、肥後八日、此外は三日仕事に思ひしに、此岡城を取りてはあなどりがたし、世には嶮城もあるものかなと称誉有りし」と、豊臣秀吉が岡城の難攻不落な城造りに驚いたことを書いている。

その秀吉は、岡城の佇まいを見て、「岡の城は、かねて聞きおよびしより嶮城にして、眼を驚かせしなり。海内三嶮城の最上と称せるもむべなり。橋のもとより城を見あぐれば、西方より削り立し山のごとく。六曲の坂、その嶮なる事は壁に登るがごとし。三方に城門あり。何れの口も嶮岨ばかりなり。給人以上の家宅は山の崕を切ひらきて屋敷にせしものゆえ、老人となりては歩行いかならんと不思議に思ふほどなり」との感想をもらしている。

秀吉が「海内三嶮城の最上」とまで激賞した岡城を最初に築造したのは、豊後国大野郡緒方荘を支配していた緒方惟栄《これよし》だった。惟栄は文治元（一一八五）年、源頼朝に追われていた源義経を迎えるために築城したと伝えられる。その後建武元（一三三四）年、大友氏の重臣・志賀貞朝《さだとも》が拡張し岡城と命名したという。しかし大友氏は文禄の役（文禄二〔一五九三〕年）の失態で豊後を改易、志賀氏も岡城を去ることになった。

代わって翌年入封したのが中川秀成《ひでしげ》である。秀成は入封後ただちに縄張りに着手し、三年がかりの大改修を行った。志賀氏時代の城域西側の天神山に本丸、二の丸、三の丸、櫓《やぐら》などを築造し、城の西側を拡張して重臣らの屋敷を建てた。本丸には「御三階櫓」と呼ばれる大規模な櫓を築造。城門は志賀氏時代からあった下原門に加え、新たに近戸門、大手門を建造し三門とした。秀吉が絶賛したのは、秀成の手になるこの城のことである。

【加藤】

城址には瀧廉太郎像がある（木下陽一氏撮影）

石垣づくりの名手・加藤清正の手になる名城

熊本城

くまもとじょう

〔熊本県〕

九州の名城といえば、真っ先にその名が挙がる熊本城。加藤清正がかつて千葉城（文明年間〔一四六九－八七〕の築城）、隈本《くまもと》城（大永・享禄年間〔一五二一－三二〕の築城）があった茶臼山《ちゃうす》丘陵一帯に城を築き、慶長十二（一六〇七）年に完成させた。

その広さは九八万㎡、周囲は約五・三kmといわれる。内郭の本丸は丘陵の東側、最も高い部分に造り、天守は大天守と小天守の二つある。そこから西へ緩やかに下る所に二の丸、三の丸。要所には櫓《やぐら》が設けられ、その数四十九に及んだ。また、上に行くほど急勾配になる「清正流」の石垣は、「武者返し」「扇《おうぎ》の勾配」とも称される。城郭内には一二〇の井戸を掘り、籠城にも備えた造りだったという。西南戦争に敗れた西郷隆盛に、「おいどんな官軍に負けたわけじゃなか、清正公に負けたとでごわす」と言わせた堅牢な城だ。

清正は、なぜここまで防備厳重な城を造らねばならなかったのか。天下に有事が起きた際に豊臣秀吉の遺児・秀頼《ひでより》を守るためという説があるが、これは支持に値するだろう。先に天守が二つあると書いたが、小天守の方は秀頼をかくまうために増築されたといわれる。

そういえば、清正は領地の一部である天草を返上し、代わりに豊後の久住《くじゅう》、野津原《のつはる》、鶴崎、佐賀関《さがのせき》の領有を願い出、認められた。そして熊本と鶴崎を最短距離で結ぶ豊後街道を造った。久住、野津原には、要塞ともいえるほどの本陣も設けた。これなどは、まさに天下に有事が勃発したら、清正は真っ先に大坂の秀頼を庇護し熊本へ連れ帰るための大事業であったといわれている。〔加藤〕

黒い板張りの壁が印象的な天守

約六七〇年にわたりこの地を領した
相良氏代々の居城

人吉城

ひとよしじょう

［熊本県］

人吉城は球磨《くま》川と胸《むね》川が合流する場所の山の上に立っていた。平安末期からある城で、史書に初見する城主は土豪・矢瀬主馬助《しゅめのすけ》である。遠江国《とおとうみのくに》相良《さがら》荘の地頭だった相良長頼《ながより》が、源頼朝の命を受けて人吉に下向したのは建久九（一一九八）年と伝えられる。その頃人吉城はすでにあり、矢瀬主馬助の居城だったという。主馬助は長頼に従わず、反勢力の立場をとっていた。長頼はその主馬助を胸川におびき出し、謀殺したという。この後から明治の廃藩置県まで約六七〇年間、相良氏は一度の転封もなく人吉城の城主であり続けた。

長頼は主馬助を殺した後、城の拡張・改修を行い、その後の人吉城の基礎を作った。長頼以降も歴代の当主により度重なる改修が行われ、近世城郭としての体裁が整えられていく。

自然の地形をいかんなく活用するため、山の北側と西側は球磨川と胸川を天然の堀とし、東側と南側は山の斜面と崖を天然の城壁とした。そして球磨川沿いに三の丸を配し、その南に二の丸、さらに山の上に本丸が築かれた。本丸には天守は築かれず、護摩《ごま》堂があったといわれる。

人吉城といえば、「武者返し」と呼ばれる石垣が有名である。欧州城郭の技法を参考にして文久二（一八六二）年に築造されたという。石垣最上部に平らな石を張り出しただけの造りだが、これが防御にことのほか役に立つ。石が張り出している分、城壁をよじ登ってくる者を簡単に落下させることができるし、攻撃もしやすい。熊本城の石垣も登りづらいことから「武者返し」の名がついているが、人吉城のそれは構造的に若干異なる。

こうした造りは五稜郭《ごりょうかく》や鶴岡城にもあるそうだが、その規模は人吉城に遠く及ばないという。

［加藤］

球磨川沿いの美しい石垣（木下陽一氏撮影）

昭和53（1978）年に復元された大手門（木下陽一氏撮影）

飫肥城《おびじょう》

「百年戦争」といわれた
伊東・島津の攻防の舞台

【宮崎県】

飫肥城は飫肥市街地北部の丘陵地帯にあった。その城跡には現在、大手門、犬馬場、本丸跡、松尾丸跡などが残る。築城当初の城域は現在の十倍近くあったといい、城の構造は曲輪《くるわ》をいくつも並べた群郭式の平山城であった。現在、大手門の外には、藩主の邸宅だった豫章館《よしょうかん》、武家屋敷跡、藩校・振徳《しんとく》堂、小村寿太郎の記念館などがある。このあたりが絵はがきやポスターなどでよく見る飫肥の観光スポットである。

飫肥城の築城者は、有力な説として、島津氏の配下で日向の土豪でもあった土持《つちもち》氏が、南北朝時代（一三三六―九二）に建造したと伝えられる。その土持氏の飫肥城を、日向中北部を支配する伊東祐国《すけくに》が文明十六（一四八四）年に攻めた。これが「伊東・島津百年戦争」の始まりである。しかし、この時当主の祐国が戦死したことで伊東氏は撤退。その間に、伊東氏の再度の侵攻に備え、島津氏は飫肥城主を分家の島津豊州《ほうしゅう》家（四代・忠広《ただひろ》）に交代させた。

伊東氏の飫肥城にかける執念は凄まじく、島津豊州家五代・忠親《ただちか》の時、一度は飫肥城奪取に成功する。しかし、奪われた島津氏も黙ってはいない。間を置かず戦を仕掛け再度奪い返す。その後も飫肥城を巡る争いは続き、永禄十（一五六七）年、伊東氏は義祐《よしすけ》の時に再び取り返した。

その伊東氏が没落するのは元亀三（一五七二）年の木崎原《きざきばる》の合戦である。この戦に大敗した伊東氏は、飫肥城はもとより日向全土を島津氏に奪われることになった。これで両氏の戦いに決着がついたかに見えたが、義祐の息子・祐兵《すけたか》はその後豊臣秀吉に仕え、島津攻めの折、道先案内を務めた。その功で天正十五（一五八七）年、飫肥城主に復活。ここに「伊東・島津百年戦争」はピリオドを打たれ、以来明治までの約二八〇年間、飫肥は伊東氏の領地であり続けたのである。

【加藤】

遺構として石垣や堀，石橋が現存している（井田勝氏撮影）

鹿児島城《かごしまじょう》

［鹿児島県］

江戸時代初期、島津家久が築いた「屋形造り」の質素な城

鹿児島城は通称・鶴丸城といわれているが、島津七十七万石の居城にしては誠に質素。天守も高層櫓《やぐら》も高石垣などもなく、文字通り屋形風の御殿であった。旧長岡藩士で明治二十二（一八八九）年から同二十五年まで鹿児島県宮之城の小学校で教鞭をとった本富安四郎は、自著『薩摩見聞記』の中で、城の佇まいを見た印象を「不思議」とのみ記している。それはそうだろう。江戸時代、薩摩藩は加賀藩百万石に次ぐ七十七万石。重層の天守が聳え立っていても誰も驚かないはずだ。ところが、平屋の屋形だったというのだから、本富安四郎でなくても意外に思う。それでも本丸、二の丸、出丸の形式はとっていたようで、石垣も築かれた。

築城したのは島津家久。慶長九（一六〇四）年の完成というから、関ケ原合戦が終わって間もない頃だ。鎌倉時代から薩摩を本拠地としてきた島津氏にしては、築城時期がずいぶん新しいが、これにはわけがある。関ケ原で島津氏は西軍に味方して敗れた。その責任を負って当主・義弘は隠居、代わって家久が新当主となりこの城を築いた。

ところが、この城は隠居した義弘が最後まで反対したといわれるように、単純な構造で防御に問題があり、城というにはあまりに頼りない。果たしてこれで徳川家康の攻撃に耐えられるのか。義弘でなくても不安に感じていた者は多かったようだ。ところが幸い、家康が薩摩に攻め込むことはなかった。

では、なぜ家久はただの屋形のような城を築いたのか。一説には、ひたすら家康に恭順の意を示すためといわれている。とはいえ、島津氏は薩摩入りする際の要所といわれる各地域に堅固な山城を持っていた。この外城と呼ばれる要塞が、十分に防御の役割を果たしていたことを思うと、鹿児島城はこの造りでよかったのかもしれない。

［加藤］

正殿。国王の象徴である龍が各所に散りばめられている

首里城《しゅりじょう》

中国文化の影響を強く受けた、琉球最大のグスク

［沖縄県］

首里城は那覇市首里にあり、かつて海外貿易の拠点であった那覇港を見下ろす丘の上にある。日本の城の造りとは明らかに異なり、中国文化の影響を強く受けている。例えば門や各種の建造物は漆《うるし》で朱塗りされており、各部の装飾には龍が多用されている。これなどは中国の国王が好んで使った、いわば国王の象徴である。屋根瓦も今でこそ琉球瓦が使われているが、当初は高麗瓦が使われていたように、中国や朝鮮との交流が盛んであったことを偲ばせる。

城は外郭と内郭からなり、内郭には家臣らが国王に謁見する際や、中国からの使者を迎えたりする時に使われる御庭《うなー》（広場や庭を意味する沖縄方言）を中心に、それを取り囲むように王の居住棟である正殿、行政棟の北殿、礼典の時に使用する南殿、御庭への入口となる奉神門などが建てられている。これらの建造物群を各種の門や城壁が取り囲み、それらが外郭をなしている。その構造は、スケールは小さいものの中国の紫禁城をほうふつとさせる。

築城した人物は不明。築城年代も不明である。三山時代（北山・中山・南山の三王統時代、一三二二年頃から一四二九年まで）には中山の城として使われていたが、尚巴志《しょうはし》が三山を統一し琉球王朝を確立してからは王家の居城となった。したがって三山時代以前の群雄割拠の時代、沖縄本島各地にグスク（城）乱立期があったが、その頃に造られたのではないかと推定する。

以来、首里城明け渡しの年といわれる明治十二（一八七九）年まで、首里城は尚家の王宮であり続け、首里は琉球の首都として栄え続けた。平成十二年十二月、首里城は世界遺産に登録されたが、それは正確には首里城跡であり、復元された建造物や城壁などは含まれない。

［加藤］

城郭用語集

本書に出てくるものを中心に主要な用語を解説した。
⇩は関連する用語を示す。

【あ】

石落とし　いしおとし
　大守や櫓の一部を石垣から張り出させ、その床に設けた蓋付きの細長い穴。下方の敵に対し、鉄砲などで攻撃した。

一国一城令　いっこくいちじょうれい
　江戸幕府が元和元（一六一五）年に諸大名へ出した布令。大名の本城（居城）を除くすべての支城を破却するよう命じた。

犬走り　いぬばしり
　土塁上の塀や柵の城外側にある狭い通路。⇩武者走り

入母屋破風　いりもやはふ　【写真1】
　破風の一種で、入母屋造りの屋根の端部にできるもの。二つ並べたものを比翼入母屋破風という。

【写真1】破風（姫路城天守）

埋門　うずみもん
　石垣の下部をくり抜いたようにして造られた門。石垣の間に設けられ、上部に土塀が通されたものもある。

打込接　うちこみはぎ　【写真2】
　石垣の積み方で、隙間を減らすために接合部分を加工した石を使用したもの。接《はぎ》とは接合するという意味。

畝状空堀群　うねじょうからぼりぐん　【図3】
　竪堀を何本も連続して設けたもの。敵の横方向への移動を防ぐ。中世の山城に多く見られる。

馬出し　うまだし　【図2】
　虎口の外に、土塁や石垣を積んで築いた小さな曲輪。敵の侵入を妨げ、出撃の際の拠点にもなった。角形のものを角馬出し、半円形のものを丸馬出しという。

大手門　おおてもん
追手《おうて》門ともいう。城の表口に立つ門。正門。大手（追手）は城の表側を意味する。⇩搦手門

【か】

唐破風　からはふ　【写真1】
破風の一種で、中央が弓形にそり曲がり、左右が緩やかな曲線状のもの。

空堀　からぼり
水のない堀。中世の山城に多く見られる。

搦手門　からめてもん
城の裏口に立つ門。搦手は城の裏側を意味し、大手の反対。⇩大手門

環濠　かんごう
敵の侵入を防ぐため、砦や館、集落を囲った堀。

切込接　きりこみはぎ
石垣の積み方で、石を完全に整形し、隙間をなくして整然と積み上げたもの。

切岸　きりぎし　【図3】
斜面を削って崖のように急勾配にしたもの。中世の山城に多く見られる。

【写真2】石垣の積み方

野面積み（一ノ岳城）　打込接（福岡城）　算木積み（久留米城）

曲輪　くるわ
郭とも書く。城を構成する平坦面の区画。

鉄門　くろがねもん
門扉や門の鏡柱（主柱）に、細長い鉄板を隙間なく張りつけた門。鉄板の代わりに銅板を使ったものを銅《あかがね》門と呼ぶ。

【さ】

虎口　こぐち　【図2】
小口とも書く。城や城内の各曲輪の出入口。

狭間　さま
塀や天守・櫓の壁面に設けられた、矢や鉄砲を射るための穴。⇩矢狭間、鉄砲狭間

算木積み　さんぎづみ　【写真2】
石垣の隅部の積み方で、直方体に加工した石を、長短交互に井桁状態に組んで強度を高めたもの。

三の丸　さんのまる
一つの城の中で本丸、二の丸に次ぐ曲輪。

忍び返し　しのびがえし
侵入者を防ぐため、先を尖らした木や槍先を並べたもの。武者返しの一種。

主郭　しゅかく
城郭の中心となる曲輪。近世城郭では本丸という。

隅櫓　すみやぐら　【写真3】
防御上の要となる城壁の隅に築かれた櫓。一般に方角を表す東西南北や十二支を冠した名称で呼ばれることが多い。

惣構え　そうがまえ
総構えとも書く。城と城下町全体を堀や土塁で取り囲んだもの。惣郭・惣曲輪などともいう。

層塔型　そうとうがた
天守の形式で、寺院の五重塔のように、上層部が段階的に小さくなっているもの。
⇩望楼型

【た】

太鼓櫓　たいこやぐら
城の内外に時刻を知らせるための太鼓を備えた櫓。

▲【写真4】鉄砲狭間

【写真3】多聞櫓と隅櫓（福岡城）▶

竪堀　たてぼり　【図3】
斜面に縦方向に掘られた空堀。敵の横方向への移動を防ぐ。中世の山城に多く見られる。竪堀を連続して設けたものが畝状空堀群。

多聞櫓　たもんやぐら　【写真3】
多門櫓とも書く。城壁の上に長屋状に続く櫓。

千鳥破風　ちどりはふ　【写真1】
破風の一種で、形状は入母屋破風と似ているが、屋根の斜面に三角屋根を載せただけの構造で装飾性の強いもの。二つ並べたものを比翼千鳥破風という。

築地塀　ついじべい
土を突き固めて築いた塀。瓦葺きや板葺きの屋根をつけたものが多い。

付城　つけじろ
①向城《むかいじろ》と同じ意味で、攻城の足掛かりとして、敵城に相対して築かれた城／②国境などに築かれた支城。

詰の城　つめのしろ
①複数の城がある場合に、最後の拠点となる城。本城／②一つの城の中で最後

の拠点となる曲輪。本丸。

梯郭式 ていかくしき 【図1】
縄張における曲輪の配置で、本丸の二方または三方を二の丸や三の丸で囲むこと。

鉄砲狭間 てっぽうざま 【写真4】
鉄砲を撃つために塀や天守・櫓の壁面に設けられた穴。主に円、正方形、三角形の形状。広い角度に向けられるよう内側が大きく穿たれている。

天守 てんしゅ
その城の象徴となる高い建物。高層の櫓を起源とする。織田信長が築いた安土城の天主が最初の大規模天守とされる。

天守台 てんしゅだい
天守の土台となる石垣で、本丸の中に設けられる。

土塁 どるい
土居ともいう。城、寺、武士の住居、環濠集落などの周囲に築かれた防御用の連続した土盛り。堀と合わせて造られることが多い。

【図1】縄張りの形式

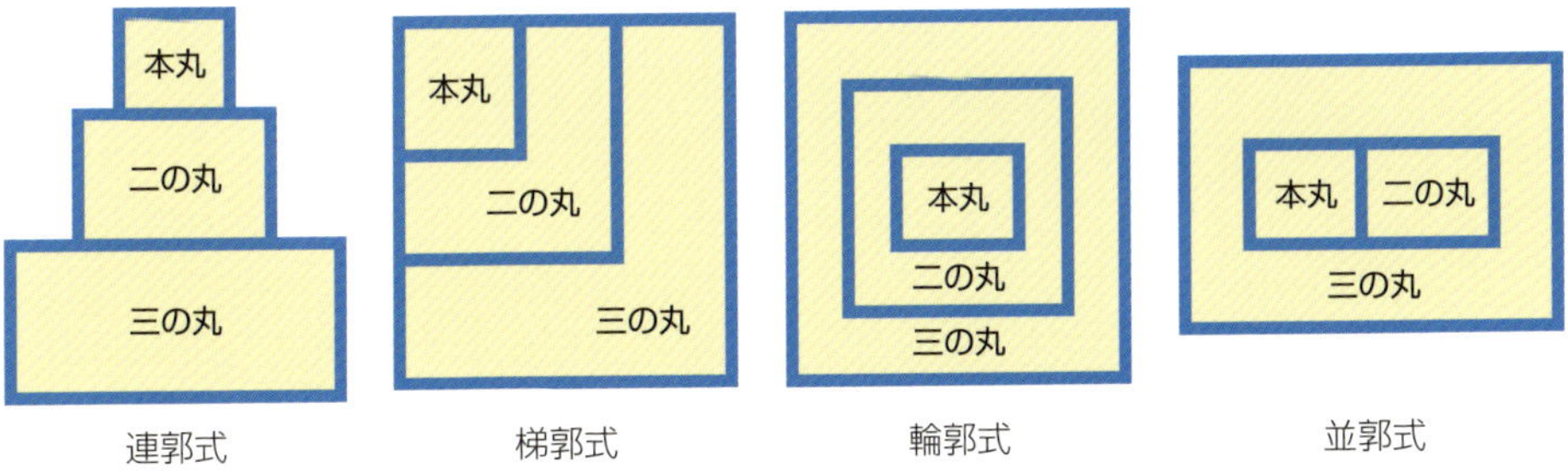

【な】

縄張り なわばり 【図1】
曲輪の大きさや配置、天守・櫓・門の形式や配置など、城全体の設計のこと。

二の丸 にのまる
一つの城の中で本丸に次ぐ曲輪。

布積み ぬのづみ
石垣の積み方で、高さがほぼ同じ石を一段ずつ横のラインを揃えて積むこと。
⇩乱積み

野面積み のづらづみ 【写真2】
石垣の積み方で、自然石をあまり加工せずに積み上げたもの。

【は】

破風 はふ 【写真1】
天守の屋根などに見られる三角形の造形。⇩入母屋破風、唐破風、千鳥破風

平入り（虎口） ひらいり（こぐち） 【図2】
門から一直線に城内へ至る、最も単純な構造の虎口。

平城 ひらじろ

平坦地に築かれた城。近世に多く築かれた。⇩平山城、山城

平山城 ひらやまじろ

比較的低い山とその周辺の平地に築かれた城。戦国時代末期から近世にかけて多く築かれた。⇩平城、山城

並郭式 へいかくしき 【図1】

縄張における曲輪の配置で、本丸と二の丸が並び、それを三の丸で囲むこと。

望楼型 ぼうろうがた

天守の形式で、下層部の大きな入母屋造りの建物の上に、望楼となる小さな建物を載せたもの。⇩層塔型

堀 ほり

敵の侵攻を防ぐために掘られた深い溝。水をたたえたものを水堀、何もないものを空堀という。

堀切 ほりきり 【図3】

山の尾根を深く切り込んで空堀にしたもの。中世の山城に多く見られる。

本丸 ほんまる

城郭の中心となる曲輪。主郭ともいう。

【図2】様々な虎口（矢印は寄せ手の進路を示す）

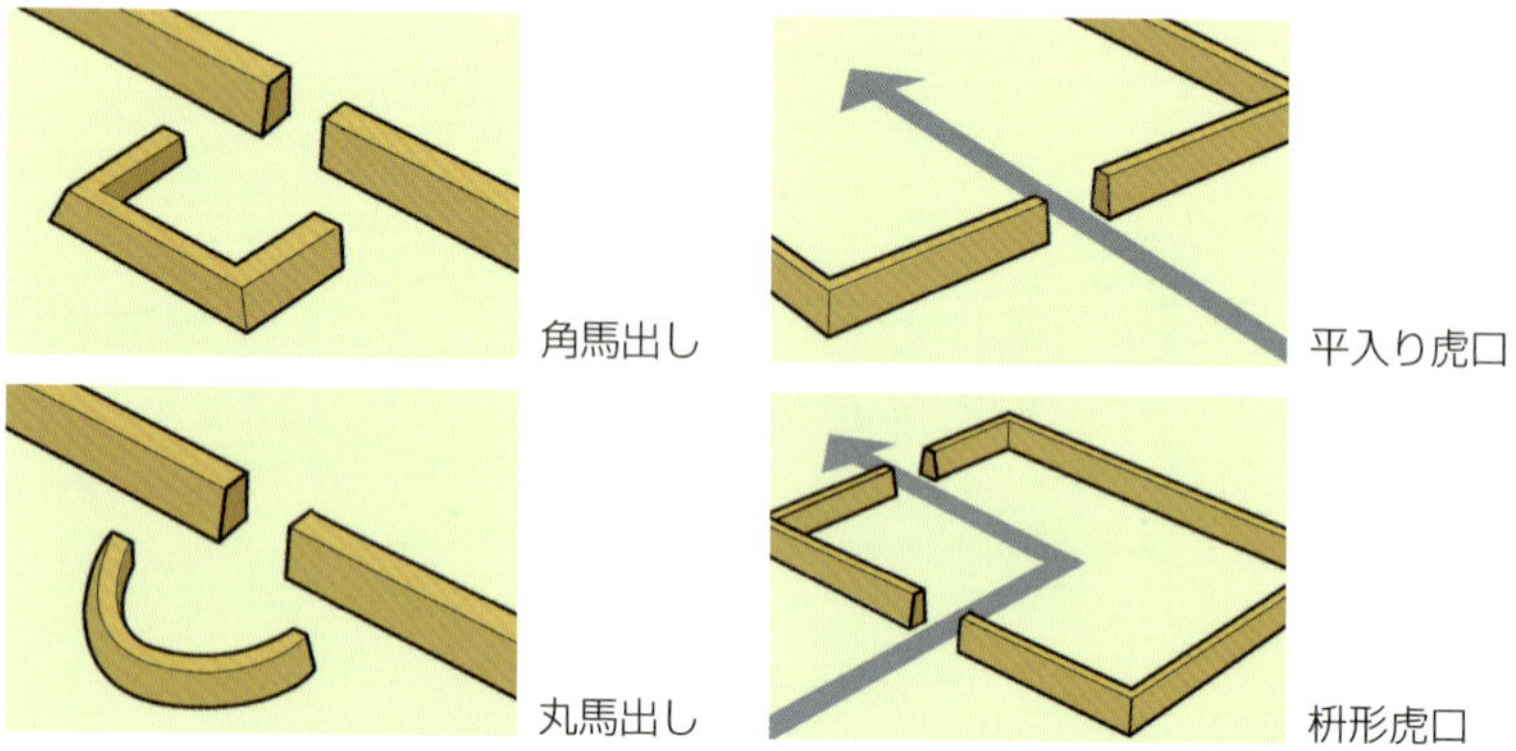

天守は本丸に築かれる。

【ま】

枡形（虎口） ますがた（こぐち） 【図2】

虎口に石垣や土塁で囲まれた四角形の区画を設けたもの。敵の直進を妨げる。城の内側に設けたものを内枡形、外側に設けたものを外枡形と呼ぶ。

枡形門 ますがたもん

四角形の区画の二カ所に設けられた門。二つの門は向き合わず直角に配置される。

水城 みずじろ

川・海・湖などに面して築かれた城。海岸の城は海城ともいう。

水の手 みずのて

井戸や溜池、水路など城内の生活用水を供給する場所。

向城 むかいじろ

攻城の足掛かりとして、敵城に相対して築かれた城。

武者返し むしゃがえし

敵の侵入を防ぐ仕組み。敵が登ってこれないよう石垣の頂上部を反り返らせた

り、天守の上階を下階よりも張り出させたりする。⇩忍び返し

武者走り　むしゃばしり
①土塁上の塀や柵の城内側にある通路。⇩犬走り／②天守や櫓内の壁側の通路。

物見櫓　ものみやぐら
遠くを見渡すための櫓。古代には木の柱を組み立てて櫓とした。

【や】

薬医門　やくいもん　【写真5】
前方の本柱二本と後方の控柱二本で屋根を支える門。武家屋敷の正門などに多く用いられた。

櫓　やぐら
平時は主に倉庫として、戦時には物見や攻撃拠点となった建物。城門や城壁の上に設けられることが多い。

櫓門　やぐらもん
上部に櫓を備えた門。格式が高い門とされ、防御性も高い。

矢狭間　やざま
矢を射るために塀や天守・櫓の壁面に設けられた穴。縦に細長い。

【図3】山城の防御施設

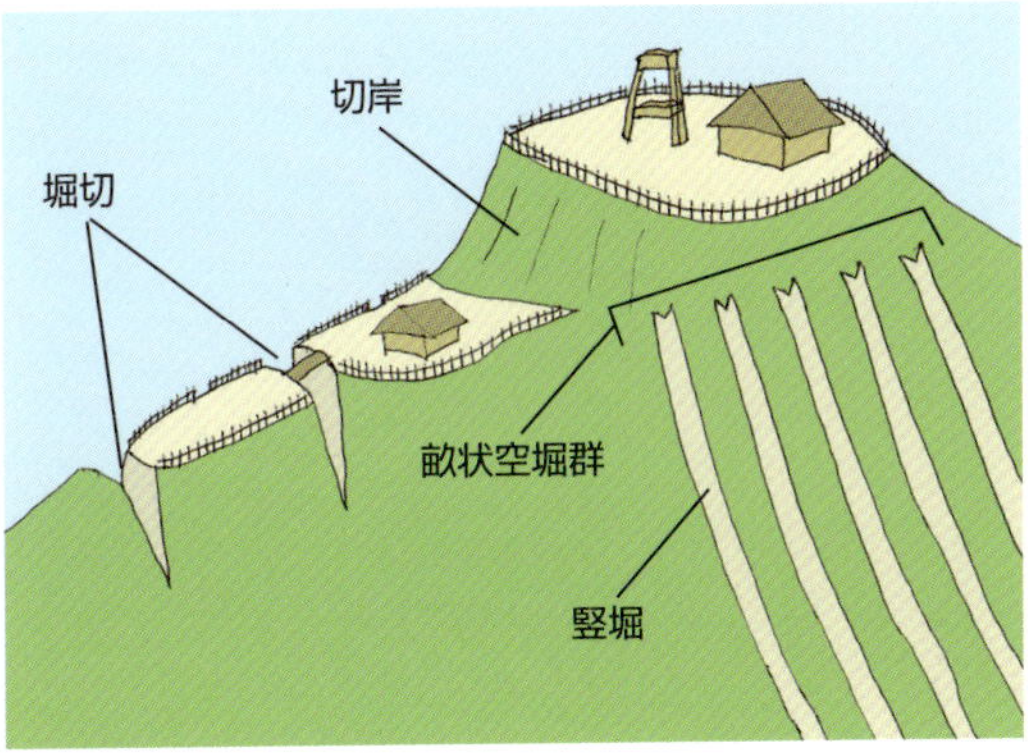

【写真5】薬医門
（秋月城址の黒門）

山城　やまじろ
山や丘陵の頂部に築かれた城。戦国時代までに多く築かれた。⇩平城、平山城

横堀　よこぼり
山城の曲輪の周囲を巡る堀。

横矢掛かり　よこやがかり
城壁を屈曲させ、敵を様々な方向から攻撃できるようにすること。

乱積み　らんづみ
石垣の積み方で、大小様々な石を横のラインを揃えずに積むこと。⇩布積み

輪郭式　りんかくしき　【図1】
縄張における曲輪の配置で、本丸を取り囲むように二の丸、三の丸を築くこと。

連郭式　れんかくしき　【図1】
縄張における曲輪の配置で、本丸・二の丸・三の丸を一直線上に並べること。

白峰旬『歴史科学叢書　日本近世城郭史の研究』校倉書房，1998年
西ケ谷恭弘編『国別戦国大名城郭事典』東京堂出版，1999年
千田嘉博『織豊系城郭の形成』東京大学出版会，2000年
木島孝之『城郭の縄張り構造と大名権力』九州大学出版会，2001年
西ケ谷恭弘『日本の城郭を歩く』JTBキャンブックス，2001年
中西義昌編／中西義昌・岡寺良著『地域資料叢書5　歴史史料としての戦国期城郭　北部九州における城郭遺構と地域権力』花書院，2001年
日本城郭史学会編『日本の名城　西日本編』学習研究社，2002年
西ケ谷恭弘編『国別城郭・陣屋・要害・台場事典』東京堂出版，2002年
西ケ谷恭弘・光武敏郎編『城郭みどころ事典　東国編・西国編』東京堂出版，2003年
『別冊歴史読本38　城を歩く　その調べ方・楽しみ方』新人物往来社，2003年
小和田哲男『ビジュアルワイド 日本の城』小学館，2005年
『歴史群像シリーズ よみがえる日本の城20　小倉城・府内城・福岡城・岡城・秋月城・柳川城・中津城・日出城』学習研究社，2005年
三浦正幸監修『図説江戸三百藩　城と陣屋総覧　西国編』学習研究社，2006年
小和田哲男『戦国の城』学習研究社，2007年
日本城郭協会監修『日本100名城公式ガイドブック』学習研究社，2007年
西ケ谷恭弘編著『城郭の見方・調べ方ハンドブック』東京堂出版，2008年
三浦正幸監修・広島大学文化財研究室『すぐわかる日本の城』東京美術，2009年
小和田哲男『知識ゼロからの日本の城入門』幻冬舎，2009年
福岡県の城郭刊行会編『福岡県の城郭　戦国城郭を行く』銀山書房，2009年
内藤昌編『城の日本史』講談社，2011年
杉原敏之『シリーズ「遺跡を学ぶ」76　遠の朝廷大宰府』新泉社，2011年
『日本100名城に行こう』学習研究社，2012年
千田嘉博・小和田哲男『図説日本100名城の歩き方』河出書房新社，2012年
大野信長・有沢重雄・加唐亜紀『ビジュアル百科　日本の城1000城　1冊でまるわかり』西東社，2012年
日本城郭協会『日本城郭検定公式問題集100名城編』学研パブリッシング，2012年
「海路」編集委員会編『海路』海鳥社
4号「特集＝九州の城郭と城下町・古代編」2007年／5号「特集＝九州の城郭と城下町・中世編」2007年／7号「特集＝九州の城郭と城下町・近世編」2009年／11号「特集＝戦国・織豊期の九州の城郭」2013年

より詳しく知るための

参考文献案内

城の研究は，歴史・考古，また建築・土木，地理などの分野にまたがります。城に関しては専門用語も多いので，まずは入門書や事典などで基本的な用語を押さえておきましょう。縄張りなど城の構造を詳しく知るには，各自治体の教育委員会が発行している調査報告書が参考になります。

城を研究する団体も多くあり，日本城郭協会や日本城郭史学会など全国レベルの団体の他に，県内にも北部九州中近世城郭研究会などがあり，情報誌や機関誌を発行しています。また，最近では城ごとのホームページや，個人が運営するブログなども充実しており，詳細な情報を得ることもできます。

そして，城を深く知るためには，やはり実際に現地を歩いてみることをおすすめします。ただし，所在地がわかりにくい城や，危険箇所，立入禁止箇所のある城もありますので，十分な下調べをしてから訪れましょう。

磯村幸男他編『日本城郭大系18　福岡・熊本・鹿児島』新人物往来社，1979年

小田富士雄編『日本城郭史研究叢書第10巻　北九州瀬戸内の古代山城』名著出版，1983年

『城郭と城下町９　北九州　長崎・佐賀・福岡』小学館，1984年

小田富士雄『日本城郭史研究叢書第13巻　西日本古代山城の研究』名著出版，1985年

村田修三編『図説中世城郭事典第３巻　近畿２・中国・四国・九州』新人物往来社，1987年

『探訪ブックス日本の城９　九州の城』小学館，1989年

西ケ谷恭弘『日本史小百科　城郭』東京堂出版，1993年

日本城郭史学会・城の会『日本名城図鑑』理工学社，1993年

千田嘉博他『城館調査ハンドブック』新人物往来社，1993年

鳥羽正雄『日本城郭辞典』東京堂出版，1995年

廣崎篤夫『福岡県の城』海鳥社，1995年

朝日新聞福岡本部『はかた学７　福岡城物語』葦書房，1996年

廣崎篤夫『福岡古城探訪』海鳥社，1997年

執筆者一覧

服部英雄（九州大学大学院比較社会文化研究院教授）
杉原敏之（九州歴史資料館）
岡寺　良（九州歴史資料館）
中西義昌（城郭談話会会員）
髙山英朗（福岡市博物館）
竹川克幸（麻生西日本新聞ＴＮＣ文化サークル事務局長／日本経済大学講師）
吉田洋一（久留米大学文学部准教授）
河村哲夫（福岡県文化団体連合会参与／九州産業大学講師）
半田隆夫（福岡女学院大学生涯学習センター講師）
加藤哲也（財界九州社編集委員）

［資料作成・編集協力］
大山智美（九州大学大学院比較社会文化学府）

アクロス福岡文化誌編纂委員会

会　　長　武野要子（福岡大学名誉教授）
副 会 長　西表　宏（香蘭女子短期大学教授）
委　　員　飯田昌生（元テレビ西日本・ＶＳＱプロデューサー）
　　　　　池邉元明（九州歴史資料館）
　　　　　加藤哲也（財界九州社編集委員）
　　　　　河村哲夫（福岡県文化団体連合会参与／九州産業大学講師）
　　　　　木下陽一（写真家）
　　　　　嶋村初吉（西日本新聞社編集局）
　　　　　丸山雍成（九州大学名誉教授）
専門調査員　竹川克幸（麻生西日本新聞ＴＮＣ文化サークル事務局長／日本経済大学講師）
事務局長　岡野弘幸（公益財団法人アクロス福岡事業部長）
事 務 局　緒方淑子（公益財団法人アクロス福岡）
　　　　　中野有紀子（同右）

アクロス福岡文化誌 7
福岡県の名城
■
2013年 3 月30日　第 1 刷発行
■
編者　アクロス福岡文化誌編纂委員会
■
発行所　公益財団法人アクロス福岡
〒810-0001　福岡市中央区天神 1 丁目 1 番 1 号
電話092(725)9115　FAX092(725)9102
http://www.acros.or.jp
発売　有限会社海鳥社
〒810-0072　福岡市中央区長浜 3 丁目 1 番16号
電話092(771)0132　FAX092(771)2546
印刷・製本　大村印刷株式会社
ISBN 978-4-87415-881-4
http://www.kaichosha-f.co.jp
［定価は表紙カバーに表示］

『アクロス福岡文化誌』刊行について

古来よりアジアと九州を結ぶ海路の玄関口、文明の交差点として栄えてきた福岡は、大陸文化の摂取・受容など文化交流の面で先進的な役割を果たしてきました。

「文化」とは時代が変化していく中で育まれた「ゆとり」「安らぎ」など心の豊かさの副産物、つまり精神充実の賜物であり、国や地域、そこで生活する人々を象徴しています。そして、文学、歴史、学問、芸術、宗教・信仰、民俗、芸能、工芸、旅、食など様々な分野へと発展し、人類の貴重な財産として受け継がれてきました。

科学や情報技術が進歩し、心の豊かさが求められている現在、「文化」の持つ意味・役割に改めて注目し、その保存・継承、充実を図ることは、日本社会を活性化するための重要な鍵になると考えます。

この『アクロス福岡文化誌』は公益財団法人アクロス福岡が進める文化振興事業の一環として、福岡の地域文化、伝統文化の掘り起こしや継承、保存活動の促進を目的に刊行するものです。また、福岡に軸足を置きつつ、九州、アジアにも目を向け、ふるさとの文化を幅広く紹介し、後世に伝えていきたいと考えています。

この文化誌が地域活性化の一助、そしてアジア―九州―福岡をつなぐ文化活動の架け橋になれば幸いです。

アクロス福岡文化誌編纂委員会 会長　武野要子

公益財団法人アクロス福岡 館長　石川敬一